É preciso coragem para ser quem você é

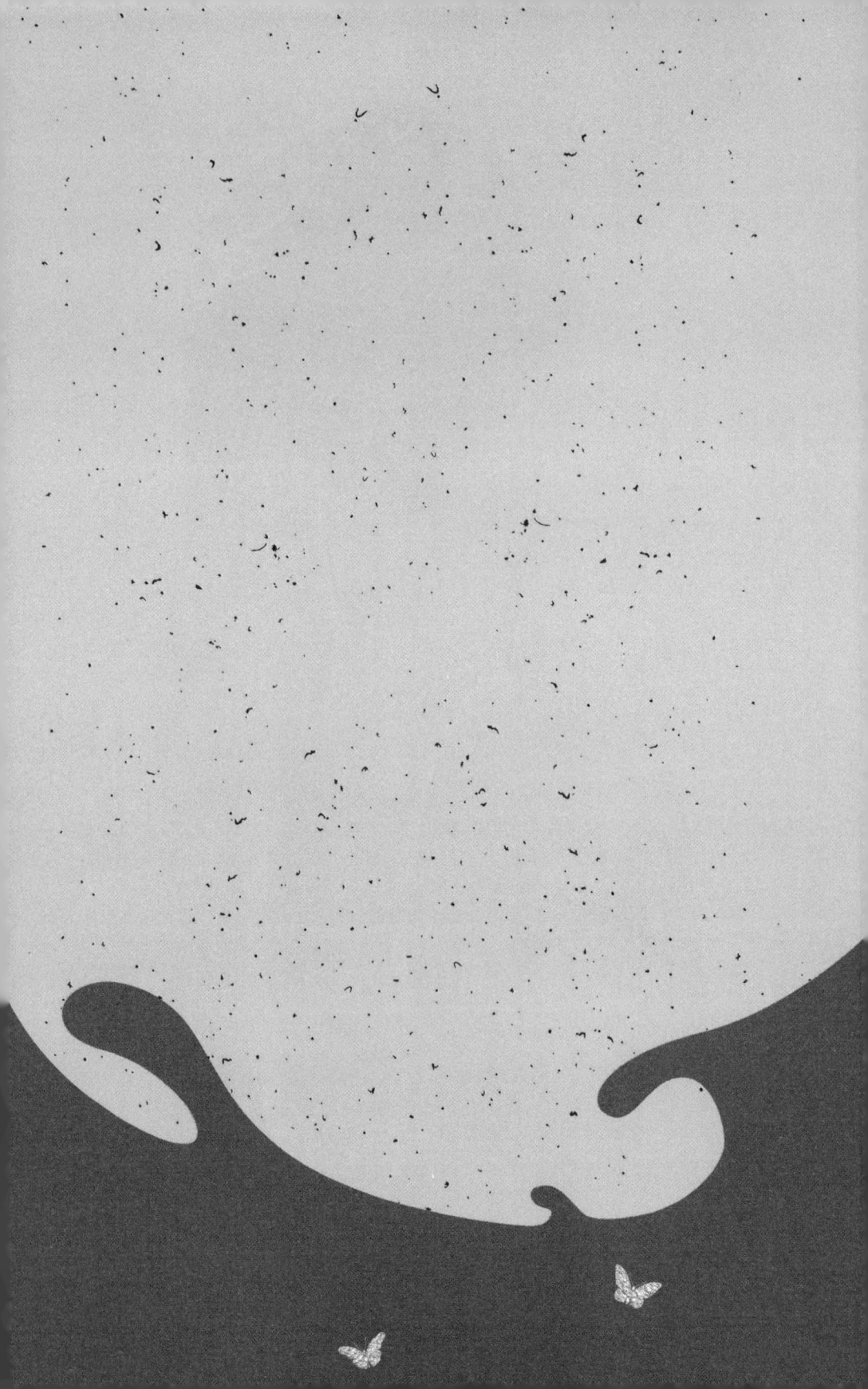

LUARA FONSECA

POR TRÁS DOS LIKES

astral
cultural

Produção editorial Aline Santos, Bárbara Gatti, Jaqueline Lopes,
Mariana Rodrigueiro, Natália Ortega e Renan Oliveira
Capa Marcus Pallas
Fotos Rodrigo Takeshi
Ilustrações asdfgh12/Shutterstock, Bloomartgraphics/Shutterstock, Mariia
Kutuzova/Shutterstock, Paladin12/Shutterstock, Qian L/Shutterstock,
Radoslaw Maciejewski/Shutterstock, Softulka/Shutterstock, suns07butterfly/
Shutterstock, Vladimirkarp/Shutterstock, Yurlick/Shutterstock

Primeira edição (agosto/2021)
Papel Offset 90g
Gráfica LIS

Dados Internacionais de Catalogação na Publicação (CIP)
Angélica Ilacqua CRB-8/7057

F744p

Fonseca, Luara
    Por trás dos likes / Luara Fonseca. — Bauru, SP :
Astral Cultural, 2021.
    144 p. : il., color.

ISBN 978-65-5566-165-1

1. Fonseca, Luara - Autobiografia I. Título

21-2159
                                        CDD: 920.72

Índices para catálogo sistemático:
1. Fonseca, Luara - Autobiografia

ASTRAL CULTURAL EDITORA LTDA.

BAURU
Av. Duque de Caxias, 11-70
CEP 17012-151
Telefone: (14) 3235-3878
Fax: (14) 3235-3879

SÃO PAULO
Rua Major Quedinho 11, 1910
Centro Histórico
CEP 01150-030
Telefone: (11) 3048-2900

E-mail: contato@astralcultural.com.br

Capítulo 1

Eu fiz este livro para você

Comecei escrevendo este livro achando que seria sobre mim.

Mas vou dar um spoiler aqui e dizer que, enquanto escrevia, fui descobrindo que o livro era, na verdade, sobre você. Sim, você.

Pode ser que você pense que, muitas vezes, a motivação de alguém que trabalha na internet é, necessariamente, produzir músicas da moda, com coreografias que todo mundo está gravando e usar temas que são do momento para que o vídeo tenha alcance e visualização. Claro, é importante, sim, para um produtor de conteúdo estar antenado ao que está acontecendo para que ele não pareça desatualizado. Mas não dá para basear o trabalho só nisso.

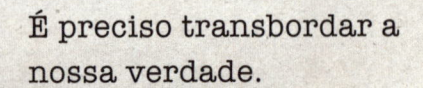

É preciso transbordar a nossa verdade.

Por isso, a pergunta que sempre vem na minha mente quando reflito sobre meu trabalho é: como o meu conteúdo pode transformar a vida de quem me acompanha?

Então, acho que resolvi escrever este livro não apenas para contar para você sobre uma das situações mais difíceis que passei em toda a minha carreira. Quero falar mesmo sobre como encontrei na dificuldade vários motivos para continuar.

Também quero contar que, em meio a uma confusão dentro de mim, em que tive vontade de desistir de tudo, me reencontrei comigo mesma e com os meus propósitos. E que todos os problemas que precisei enfrentar me conectaram ainda mais com o amor que recebo da minha família, dos meus amigos e das pessoas maravilhosas que me acompanham e torcem por mim na internet.

Se você, que está lendo isso agora, não estivesse na minha mente enquanto pensava em tudo isso, não teria escrito este livro. Até porque, acredite: dá muito trabalho fazer um livro.

Só que eu não poderia deixar de dividir algo que aprendi e que acredito que possa ajudar outras pessoas a superarem essas fases difíceis que, às vezes, precisamos enfrentar e que fazem com que, a todo momento, nos leve a querer desistir do sonho, de tentar, de correr atrás dos objetivos, de ser feliz.

A torcida contra você, a negatividade e os obstáculos sempre estarão por perto. Aliás, a partir do momento que você resolver caminhar em direção ao que te faz bem, aos seus projetos, à sua vida, vai ter que lidar com críticas negativas e possíveis rejeições. Muita gente vai dizer que você não vai conseguir, que não é inteligente o suficiente, que não é bonito o bastante, que coisas incríveis não acontecem com pessoas como você... Vão dizer que você deveria desistir, que vai passar vergonha, que vai flopar... Tem gente que vai rir de você e dizer que é melhor investir em uma profissão mais segura que, com certeza, deixará as pessoas orgulhosas.

> É e sempre vai ser assim. Faz parte da trajetória de qualquer um que tem coragem de enfrentar tudo isso em busca da realização de seus sonhos.

Não teve um dia sequer na minha carreira em que me lembro de ter ouvido só mensagens de apoio e incentivo. Sempre houve quem não gostasse de mim. Isso já me afetou mais, inclusive cheguei a achar que já não me afetava tanto, mas, quando você terminar de ler minha história, vai perceber que, em alguns dias, ainda sinto um baque, sim. Para ser sincera, depende do meu humor.

Este livro
não é
sobre mim,
é sobre
você

Claro, quem não fica triste quando há um monte de gente dizendo que você não tem valor? Que tudo o que faz é constrangedor, inadequado ou ridículo? Que você deveria ter vergonha de ser quem você é?

O que quero dizer é que, mesmo que haja críticas e gente torcendo para que as coisas deem errado para você, está tudo bem. Porque essas palavras e atitudes negativas não são sobre você. Esse tipo de reação diz mais sobre as pessoas que jogam essa carga em cima de você.

E, sabe, percebi durante a minha carreira que quanto mais você está conectado com quem você é e com o que quer, quanto mais ama e é amado, mais você vai incomodar os outros. Porque, de alguma forma, quando as pessoas se deparam com alguém que está lutando pelos sonhos, para ser melhor, para ser mais feliz, e elas não estão bem, pode ser que se sintam obrigadas a olharem para si mesmas, a se perguntarem se estão felizes também. Algumas irão se inspirar e tomar decisões que nunca tomaram antes para conseguir resultados diferentes e crescer. Outras, não vão gostar do que viram e vão odiar quem as fez se sentirem mal com elas mesmas.

Se você for o responsável por mexer com o sentimento desse tipo de pessoa, pode ser que tenha que lidar com a reação de quem desaprova seu conteúdo.

O ódio pode machucar. Eu sei bem disso. Trabalho com internet há alguns anos e acho que nunca vou me acostumar com esse tipo de situação. Honestamente, ninguém deveria se acostumar. Mas me surpreendi com a força que achei dentro de mim quando aquela onda de ódio na internet pareceu cobrir toda a minha vida. Nunca imaginei que me sentiria tão amada, até nos dias em que os comentários negativos eram pesados demais.

Foram tantas, mas tantas mensagens de apoio e de carinho que recebi! Muita gente lotou o meu direct no Instagram para dizer que se inspirava em mim e me admirava, para me lembrar de como eu tinha sido a razão de elas sentirem alegria em momentos difíceis, para me contar que o meu trabalho havia trazido conforto e motivação em horas de tristeza, para compartilhar que jamais largariam da minha mão, ainda que tudo desse errado. Todos os machucados que o ódio tinha causado em mim foram cicatrizando e se transformaram em uma vontade muito grande de seguir em frente.

Eu não tinha ideia de quantas pessoas eram alcançadas pelo meu conteúdo e de que maneira os vídeos que produzo as impactava. Agora que entendi, tudo o que mais desejo fazer, do fundo do meu coração, é retribuir. E retribuir colaborando, auxiliando.

Por isso, este livro precisava existir, para que eu pudesse contar para você e para todas as pessoas que gostam de mim que, não importa pelo o que estejam passando, tudo vai ficar bem.

> Eu sei, não é fácil acreditar nisso quando estamos no meio da tempestade. Mas garanto a você: logo o sol vai brilhar de novo.

As manifestações de ódio ainda não pararam. E sei que não irão parar. Mas, quando você entende quem é, quem está ao seu lado e o que realmente importa, nem todo o ódio do mundo pode te desmontar. Pelo contrário. É bem provável que esse sentimento faça você ficar ainda mais forte.

Uma lagarta não vira borboleta de uma hora para outra. É um processo longo e doloroso. Se você pesquisar como é o nascimento de uma borboleta, vai ver que, devagarzinho, ela vai saindo do casulo. Pode levar até uma hora para esse processo acontecer.

A borboleta abre uma fresta no casulo para que entre o ar de fora. Faz um buraquinho um pouco maior, vai empurrando o próprio corpo, que está bem encolhidinho, para fora daquele abrigo e vai saindo, de um jeito bem lento, um passo de cada vez, para se acostumar com o novo.

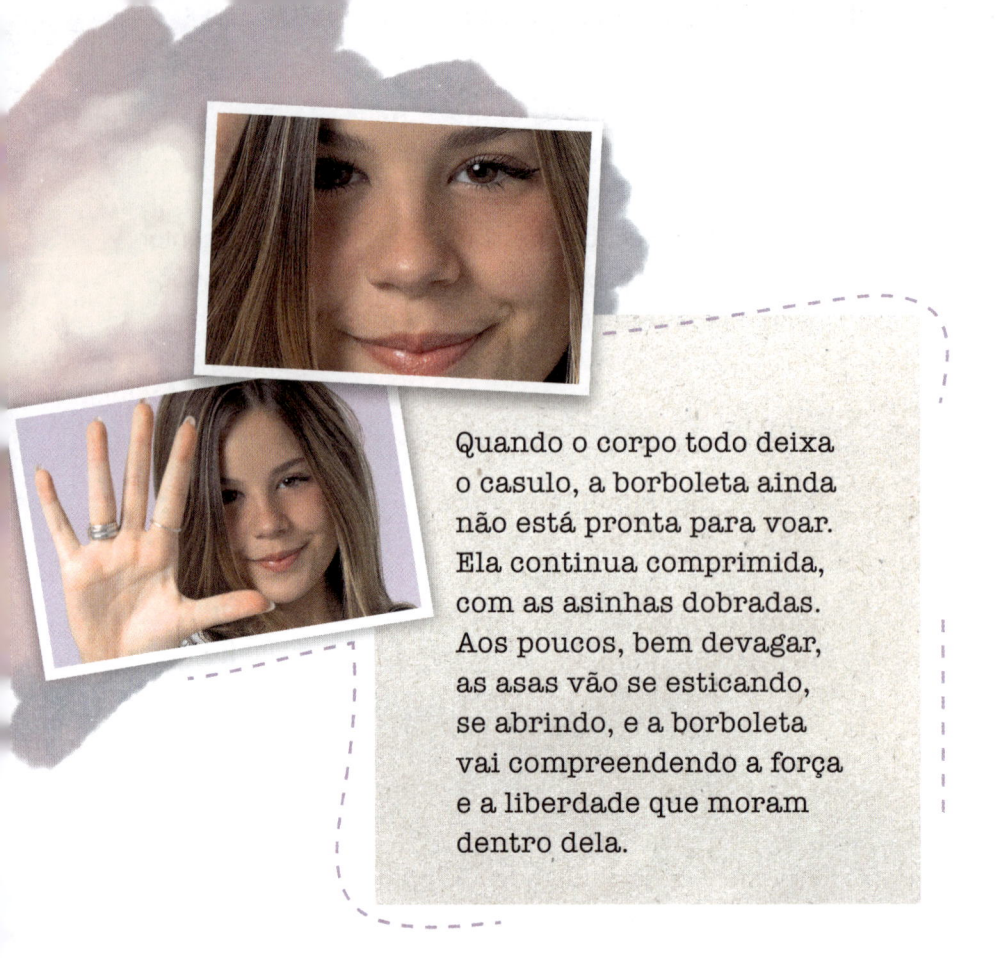

Quando o corpo todo deixa
o casulo, a borboleta ainda
não está pronta para voar.
Ela continua comprimida,
com as asinhas dobradas.
Aos poucos, bem devagar,
as asas vão se esticando,
se abrindo, e a borboleta
vai compreendendo a força
e a liberdade que moram
dentro dela.

E se uma pessoa, na tentativa de tentar ajudar, abre o casulo
para ela sair de uma vez? A borboleta nunca conseguirá levantar
voo. Porque o casulo apertado e todo o esforço necessário para
romper a barreira em torno do seu corpo são as maneiras que a
natureza escolheu para que ela se exercite e, assim, fortaleça as
suas asas.

De alguma forma, acho que foi o que aconteceu comigo
depois de tudo o que vivi. Algumas vezes, um esforço extra é
justamente o que nos prepara para sonhos maiores e voos mais
altos. Se eu tivesse me recusado a passar por tantas dificuldades e
não tivesse me esforçado para superá-las, talvez não seria capaz
de agarrar novas oportunidades, de vencer a batalha seguinte e
de voar até o meu próximo destino.

O problema que você está vivendo, por mais dolorido que pareça, pode ser a vida te dizendo que está na hora de romper o seu casulo. Vai haver dor? Sim. Mas você poderá ver o tamanho das suas asas e voar para perto do sol, o que uma lagarta jamais seria capaz de fazer.

Capítulo 2

Não há livro sem um pouco de drama

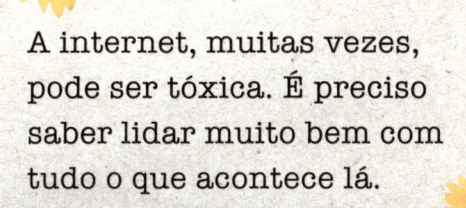

A internet, muitas vezes, pode ser tóxica. É preciso saber lidar muito bem com tudo o que acontece lá.

Mas a minha ideia não é gastar um monte de páginas falando sobre como me senti mal durante todos aqueles dias em que a onda de ódio contra mim crescia sem parar nas redes sociais, nem explicar com um monte de detalhes como cheguei a sentir raiva de mim mesma e até a me punir por tudo o que tinha acontecido, muito menos contar por vários e vários parágrafos a respeito dos dias e das noites sem dormir, questionando a minha carreira inteira.

Mas, para que eu possa falar do que interessa, preciso contar um pouco do que aconteceu comigo.

Só que antes, uma rápida reflexão da Luara filósofa (estou ainda mais filósofa do que antes, então me aguentem).

> Acho que, às vezes, a gente se preocupa tanto em comemorar as nossas conquistas que se esquece de parar um pouco e olhar para todo o caminho percorrido para chegar até aqui.

Fiz muitas coisas que nunca imaginei que faria. Viajei o Brasil todo fazendo encontrinhos. Acho que não existe sensação melhor do que chegar em um lugar e ver tanta gente esperando você. Estive em eventos incríveis, venci a vergonha e falei com plateias enormes, formadas por milhares de pessoas. Ao me lembrar da minha história, de tudo o que conquistei e de tudo o que perdi, ao pensar em todas as pessoas maravilhosas que conheci e também nas nem tão maravilhosas assim e ao recordar todas as experiências que tive, me sinto grata. Muito, muito grata.

Gratidão é algo que a minha mãe sempre me ensinou a praticar.

Como todo mundo, também tenho problemas pessoais e familiares, e me sinto triste com algumas coisas que acontecem em minha vida, mas nem por isso me levanto da cama desanimada. Pelo contrário.

Aprendi desde cedo a praticar a gratidão

Minha mãe sempre me ensinou a acordar bem, agradecendo por mais um dia, me sentindo abençoada. Olhar o que somos e o que temos é um jeito legal de começar a ser feliz. Se tem família, amigos, casa, comida, base emocional, saúde — ou tem algumas dessas coisas, mas não todas, ou tem essas e muitas mais —, então você já tem razões de sobra para sentir gratidão.

Se olharmos para a nossa vida com honestidade, vamos perceber que, ainda que haja dificuldades, não há motivos para reclamação.

Eu sei que, quando estamos no meio de uma situação dolorosa, nos esquecemos das coisas boas que existem. Nossa, e como sei! Porque, mesmo tendo passado a vida praticando gratidão na minha rotina, mesmo fazendo trabalho voluntário com outras pessoas para aprender um pouco sobre as dificuldades delas, mesmo conversando com a minha mãe sobre a importância de agradecer, tive medo quando o ódio veio com força. Muito medo. E me vi jogada na cama, sem energia, chorando e pensando em desistir, focada na dor que estava sentindo, me perguntando se algum dia me sentiria bem comigo mesma de novo.

Acho que ao virar adolescente, e ficar mais longe dos dez anos e mais perto dos dezoito, deveríamos receber um mapa ou um manual de instruções. Sério! Me sinto muito perdida de vez em quando.

> Construí muitas coisas, me tornei uma produtora de conteúdo ainda mais conhecida e cheguei aonde não imaginei que chegaria, mas, até hoje, tenho dúvidas, inseguranças e, em muitos casos, não sei o que fazer.

Estou aprendendo e acho que vou aprender para sempre.

Por isso, não se preocupe se você sentir que não está conseguindo encontrar as respostas para as questões que aparecem dentro da sua cabeça, nem se a vida de todo mundo parece ser um sucesso, menos a sua. Perguntas servem para tirar a gente do lugar mesmo. É normal. Enquanto você tiver uma resposta para procurar, vai continuar se movendo, tentando, errando, aprendendo e melhorando.

Acho que isso é sucesso. É ter uma vida que vale a pena.

Do que adiantaria ter milhões de seguidores se depois de desligar a live, eu me fechasse em um quarto escuro, sem amigos, reclamando de tudo, sendo pessimista, duvidando do futuro, sem o amor da minha família, sem sentir amor por mim mesma e me perguntando "por que essas coisas só acontecem comigo"?

A melhor vida que você pode ter é aquela que acontece fora das lentes de qualquer câmera.

Contei tudo isso para você porque sei que a internet tem o poder de convencer de que as pessoas que trabalham com conteúdo têm uma rotina de glamour. Só que essa vida nem sempre é verdadeira. Talvez, você já tenha pensado que todo mundo que trabalha com produção de conteúdo está aproveitando o auge da vida e você, por ter um dia a dia sem fama, sem presentinhos e mimos recebidos na sua casa, sem viagens e sem amigos que são celebridades, é sinônimo de fracasso.

Fama e sucesso não são a mesma coisa.

Fama é holofote, é aplauso, mas também é uma coisa passageira na sua vida. Agora, o verdadeiro sucesso não tem uma definição certa. Você é que vai decidir o que sucesso significa para você.

Vi muitas pessoas se perderem por não saberem a diferença entre essas duas palavras.

E, sério, tenho tanta, mas tanta coisa para falar a respeito disso, que acho que daria outro livro.

Tá, tá... Vou tentar não me empolgar muito e citar apenas algumas definições.

Começando por "sucesso", vamos lá.

Há um problema quando pensamos em sucesso. Porque, normalmente, refletir sobre isso é imaginar o que temos que ser e ter para sermos bem-vistos pelas outras pessoas. Ou para nos parecermos com elas. E, muitas vezes, isso quer dizer um "número" dentro da nossa cabeça: de visualizações, uma quantidade de dinheiro, quantidade de seguidores, de roupas dentro no armário... Sei lá! Um número que a gente acredita que precisa alcançar para ter o tal do sucesso.

Não é errado estabelecer metas, mas será que é suficiente?

> Ficar apegado a comparações é a receita para a infelicidade. Aliás, se for para fazer comparações, por que não comparar a pessoa que você era há cinco anos com a que se tornou hoje? Isso é legal para valorizar as pequenas conquistas e entender o que dá para melhorar.

Quando você mente para si mesmo sobre o que o sucesso significa, ou baseia suas decisões nas expectativas dos outros, talvez comece a construir um tipo de vida e de carreira que você não quer.

No final das contas, sucesso não tem a ver com o que os outros conquistaram e que você deveria conseguir também. Nem tem a ver com acumular qualquer coisa que seja. Tem a ver com o que faz você se sentir realizado. Inclua aí outros ingredientes, como fortalecer amizades, perdoar e ser perdoado, retribuir, aprender, amar. Se isso te trouxer fama, tudo bem. Se não trouxer, tudo bem também. Desde que esteja trabalhando com o que gosta e acredita, buscando ser a sua melhor versão, você já pode se considerar uma pessoa muito bem-sucedida.

Capítulo 3

Sobre quando eu fui cancelada na internet

Tanta gente já foi cancelada na internet que talvez esta palavra, "cancelada", não signifique grande coisa para você.

E não sei se ela significava algo para mim antes de acontecer tudo o que aconteceu. Tenho a sensação de que realmente só compreendemos o peso de algumas palavras quando estamos vivendo o que elas significam — eu avisei que estava muito filosófica.

Durante metade da minha vida, trabalhei com internet. Sou muito transparente nas minhas redes sociais e sempre digo que o meu trabalho é um reality show da minha vida, em que os personagens que escrevem a história comigo fazem parte do meu mundo naquele momento.

Sempre gostei de ser a protagonista da minha história.

E foi assim até me deparar com algo que nunca tinha acontecido comigo e que, naquele momento, não fazia sentido algum para mim. O ódio.

Pensando melhor, não lembro exatamente quando as mensagens de haters começaram a chegar. E, para deixar claro, quando falo desse tipo de mensagem, não estou falando das pessoas que gostam de mim e me contam suas opiniões sobre o meu conteúdo com a intenção de me ajudar a melhorar. Esses comentários contribuem para que o meu trabalho continue evoluindo, por isso leio todos eles com atenção.

O ódio é diferente. Ele não constrói coisa alguma. Tem a intenção apenas de machucar e destruir.

Mas, se tem algo que aprendi é que, muitas vezes, não temos ideia de quem somos ou da força que temos até que um problema realmente grande apareça para a gente resolver. E, quando você é adolescente, são dificuldades assim que nos ajudam a amadurecer.

Não tem como a gente crescer sem um pouco de conflito. Só vai depender de como a gente lida com esse tipo de coisa.

Trabalhar com produção de conteúdo na internet já me trouxe muitos conflitos. Acho que quando você resolve expor a sua verdade, muitas pessoas não irão gostar. Mais do que isso. Muitas pessoas não irão entender.

Há tantas coisas, mas tantas coisas sobre o meu trabalho que as pessoas não compreendem, que acho que valeria um livro inteiro só contando todos esses bastidores. Desta vez, escolhi apenas um dos desafios para contar para vocês, o mais difícil que já passei até hoje. Em seis anos como criadora de conteúdo, tive que enfrentar problemas de todos os tamanhos. E acho que cada um deles contribuiu um pouquinho para o meu amadurecimento.

Só que o ódio não é assim. De verdade, não consigo entender como enviar um hate para alguém pode contribuir de alguma forma. E não estou falando de discordar. Discordar é superimportante, é saudável, faz a gente crescer. Estou falando das vezes em que o produtor precisa lidar com manifestações de ódio nas redes sociais, que ultrapassaram a ideia de discutir pontos de vista diferentes. Sabe quando algumas pessoas resolvem odiar o criador de conteúdo por alguma ação que ele tenha feito, uma publicidade ou uma colaboração, como se fosse um crime e não o trabalho dele? Para mim, é a mesma coisa que ficar com raiva de um dentista porque ele precisou arrancar um dente e doeu muito, ou ter raiva de um professor por ele ter dado aula de uma matéria chata.

A sensação que eu tenho estando do lado de cá, depois de ter lido e ouvido os comentários a respeito do trabalho de artistas da internet, é que muitas pessoas não entendem a profissão de produtor de conteúdo. E eu compreendo, pois não há tantas informações assim a respeito do assunto. Ainda é uma profissão muito nova. O que me pergunto é por que as pessoas respondem com ódio ao que não entendem tão bem.

A profissão cresceu muito. Hoje, há produtores de conteúdo que dão mais resultado do que um canal de televisão, tanto em audiência quanto em venda de produtos no caso de publicidade. Sério. Imagine que agora as marcas que todo mundo via patrocinando coisas na TV são as mesmas que fecham parcerias com youtubers que estão criando uma série na internet.

> Ser produtor de conteúdo é trabalhar com entretenimento. Apresentadores fazem isso na televisão. A gente faz na internet.

Como não preciso obedecer a nenhuma emissora, porque o canal é meu, tenho a liberdade de colocar a minha verdade no meu conteúdo da maneira que achar melhor. Na minha carreira, decidi que não ia trabalhar com público infantil. Então, não costumo fazer parcerias com marcas de brinquedo ou de roupas infantis.

Outro tipo de proposta que sempre recebi, mas que neguei todas as vezes, foi para desfilar. É que nunca gostei, sou tímida e não consigo fazer coisas para plateias que estão olhando só para mim. Gosto de fotos e de posar em sessões como modelo, mas participar de desfiles é algo que me deixaria muito nervosa.

Então, é assim que vou tomando as decisões sobre a minha carreira. Fecho parcerias, contratos, projetos e colaborações que combinam comigo e com o meu público.

E, claro, ganhar dinheiro por isso.

O ódio que recebi começou por conta de uma colaboração que aceitei fazer com outras youtubers, em 2020. Minha mãe, que é cuidadosa comigo e analisa com atenção todas as propostas que chegam, concordou com o trabalho e me acompanhou o tempo todo.

No dia, fiz stories, gravamos vídeos para o TikTok, postei tudo na mesma hora e voltei para a casa.

Os comentários negativos começaram assim que fiz a publicação.

Entendo o motivo de o movimento ter começado, porque ninguém precisa concordar com as minhas decisões. Todo mundo tem o direito de ter a sua opinião sobre qualquer coisa. Mas a proporção que o ódio tomou não parecia ser baseado apenas no fato de algumas pessoas não concordarem com as escolhas que eu faço sobre o meu trabalho. Porque aquilo virou uma onda de críticas e xingamentos. Em minutos, ganhou uma proporção gigantesca.

A minha primeira reação foi tentar apagar os comentários mais pesados. Mas a cada um que apagava, outros cinquenta surgiam. À medida que eu ia lendo, ia ficando muito triste.

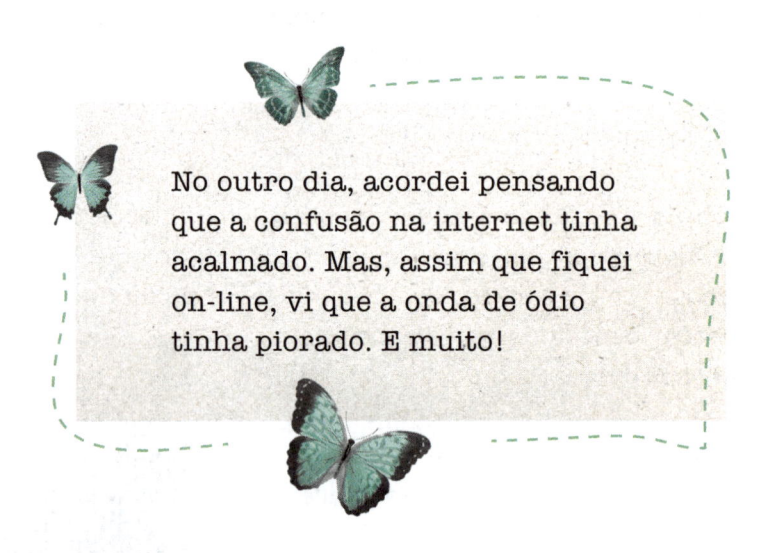

No outro dia, acordei pensando que a confusão na internet tinha acalmado. Mas, assim que fiquei on-line, vi que a onda de ódio tinha piorado. E muito!

Logo depois, comecei a ser cancelada a todo o momento. Quando isso acontecia, era uma verdadeira guerra nos comentários das minhas redes sociais. Havia xingamentos, acusações e mensagens bem pesadas falando de mim, da minha família e de detalhes da minha vida que me magoaram. O hate tinha se espalhado e o movimento tinha ganhado mais força. O assunto rendia centenas de vídeos para outros tiktokers e youtubers. Até ameaças eu recebi.

Ler mensagens negativas todos os dias estava me afundando. Eu me culpava e sofria com isso. Ainda que houvesse muitas mensagens positivas e amorosas, os comentários maldosos ganhavam um peso cada vez maior, porque eu não estava bem.

Muitas coisas começaram a desmoronar na minha cabeça. Uma delas foi a certeza que eu tinha a respeito do que fazia. Comecei a questionar se a minha carreira fazia sentido. Talvez, eu não devesse mais estar ali. Talvez, não merecesse.

Não foram dias fáceis. Eu, que sempre fui exigente comigo mesma, com a minha organização, minha rotina, meus estudos, meu trabalho, simplesmente paralisei. Não conseguia me mover.

Foi naquele momento que percebi o quanto estava com raiva de mim mesma. Ao mesmo tempo, foi naquele momento que algo muito importante começou a mudar dentro de mim.

Capítulo 4

Pode não parecer, mas criação de conteúdo é trabalho

> Eu me lembro, na escola, de que alguns professores não respeitavam o fato de eu trabalhar com internet.

Às vezes, tinha a sensação de que eles ficavam pensando: "E por acaso isso é trabalho? A internet não é um lugar sério". Já houve discussões em classe sobre isso e eu percebia que as pessoas não reconheciam produtor de conteúdo como um profissional.

Sempre respeitei meus professores e compreendi a maneira como eles pensavam. Na verdade, as pessoas costumam entender o trabalho com internet de um jeito muito parecido. Para a maioria, não é bem um trabalho. Então, se elas acham que não é uma profissão séria, não faz sentido na cabeça delas respeitar, né?

"Mas, Luara, o seu trabalho é fazer dancinha no TikTok?". Sim, é fazer dancinha no TikTok. "Luara, você vai me dizer que o seu trabalho é fazer vídeos com músicas da moda?". Sim, isso também faz parte do que faço. Mas há coisas além.

Ser produtor de conteúdo é entreter.

Um apresentador de televisão faz coisas bem parecidas com um produtor digital. Assim como ele, preciso postar todos os dias, pensar em quadros novos, entender o que meu público espera de mim, inovar os meus conteúdos... Estou o tempo todo analisando propostas de parcerias com marcas para criar projetos, porque sei que as pessoas que me acompanham gostam de novidades. Invisto em equipamentos para manter a qualidade do que produzo, dou entrevistas, interajo com os comentários, acompanho o que está sendo produzido em boa parte das redes

sociais para entender as tendências, faço reuniões com profissionais da área de entretenimento para definir ações... Essas são só uma parte das minhas obrigações como produtora de conteúdo.

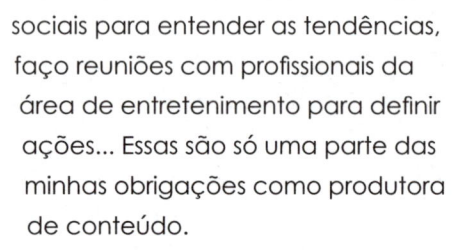

Igual a uma frase que vi na internet uma vez: "quem vê close, não vê corre".

Criar conteúdo é entreter e conscientizar

Por ser um trabalho autônomo, que eu mesma construí, só vou conseguir receber dinheiro se eu trabalhar. Bom, todo mundo precisa pagar suas contas, né?

Gostaria muito que as pessoas entendessem isso. Porque a desinformação é ruim, não somente para mim, que trabalho com isso, mas para todo mundo.

Aliás, foi por isso que criei o projeto iJob, em que reuni na minha casa alguns jovens que trabalham na internet e que eram poucos conhecidos para ensinar mais a eles a respeito da profissão. Filmamos tudo e transformamos o conteúdo em uma série incrível, que está no meu canal do YouTube.

Passe o celular no QR Code ao lado para ver o primeiro vídeo da série.

Capítulo 5

Não tem nada de errado comigo. Nem com você

> Como tantas adolescentes, por muito tempo carreguei uma insegurança por ser como sou.

Conforme fui crescendo, entendi a importância de cuidar da minha saúde, da minha autoestima e de gostar do meu reflexo no espelho. Desse jeitinho, fui me sentindo cada dia melhor.

Mas o cancelamento que sofri fez com que eu me desconectasse de tudo isso. Cheguei ao ponto de me odiar como pessoa, me desligar do meu amor-próprio e parei de me cuidar.

Tive várias reações no meu corpo que não tinham explicação médica. Fiz todos os exames

possíveis e descobri que estava tendo crises de ansiedade por causa de toda aquela situação. Ficava dias sem comer, só dormia, acordava com ânsia e passava mal até quase desmaiar.

Enquanto fazia todos os exames e ainda não tinha resultados, o médico pedia para eu comer muito açúcar para controlar as crises de hipoglicemia que estava tendo todos os dias. Resultado? Depois de alguns dias fazendo tudo errado, acabei engordando. E aí, junto com todas as cobranças em cima de mim, tive que lidar com as pessoas regulando meu corpo. "Luara, você está engordando?", "Luara, você engordou, né?", "A Luara deve usar Photoshop nas fotos dela".

Quando você cresce trabalhando na internet e tem muita visualização no seu conteúdo, a sua imagem fica conhecida. E a sua aparência começa a virar tema de muitos comentários. Teve uma vez que uma fã me abordou na rua e me pediu para gravar um vídeo para as redes sociais dela. Gravei, superfeliz, porque adoro conversar com as pessoas que me acompanham. Horas depois, descobri que aquele vídeo tinha viralizado. Tudo porque algumas pessoas resolveram espalhar pela internet que as minhas coxas e o meu quadril estavam grandes demais no vídeo da fã, bem maiores do que aparentavam no conteúdo que eu postava nos meus perfis. Depois disso, começaram a suspeitar que eu editava as imagens e os vídeos que divulgava só para parecer mais magra. Mas, na verdade, era eu exatamente como sou, no vídeo da fã e nos meus vídeos.

Mesmo tendo passado por esse tipo de situação mais de uma vez, o que foi diferente nessa história é que eu nunca tinha virado assunto entre tanta gente. De repente, lá estava a minha foto em matérias duvidosas. Inclusive, mentindo sobre histórias que meu namorado e eu não vivemos. As invenções chegaram a absurdos, como traições entre nós, ainda que meu namorado estivesse na minha casa há meses.

Hoje, depois de tantos ataques, consigo enxergar que não há nada de errado comigo e que sou igual a qualquer um: não sou perfeita e está tudo bem. E é isso que quero dizer para todas as pessoas que me acompanham e, por que não, para o mundo inteiro: NÃO HÁ NADA DE ERRADO COM VOCÊ.

São as nossas inseguranças, defeitos, características e traços físicos que nos tornam únicos. Não existe nenhuma outra pessoa no mundo inteiro igual a mim. Assim como não existe ninguém igual a você.

O que eu não conseguia entender no meio daquela confusão, mas que agora sou capaz de compreender um pouco melhor é que, às vezes, quando estamos tristes com nós mesmos, acreditamos no que os outros falam de negativo a nosso respeito — porque achamos que estão certos. Eu sei quem sou e sei que não havia motivo para aquele ódio. No entanto, quando estamos mais frágeis, quem não gosta de nós consegue nos isolar no cantinho e ficamos apenas aceitando tudo de cabeça baixa. Porque não estamos nos sentindo bem com a gente mesmo.

O que eu quero que se lembre é que ninguém pode fazer você ser aquilo que não é.

A opinião sobre você só é válida se for dada por alguém que realmente te conhece e se importa com o problema que está passando. E nem assim você precisa aceitá-la. Só se essa opinião fizer sentido para o seu momento. Entender isso faz com que você não se preocupe mais em agradar a todo mundo o tempo inteiro. Está tudo bem não ser aprovado por todos, contanto que seja aceito pela pessoa que mais importa: você mesmo.

Então, reconheça as suas qualidades, as suas características e saiba qual é sua posição no mundo. Se é possível ter esse tipo de pensamento e seguir com otimismo, por que escolher duvidar do seu valor e do que você quer para a sua vida?

Não dá para perder tempo ouvindo o julgamento de quem não gosta de você ou nem sabe quem você é de verdade. Todos nós somos mais do que as pessoas enxergam. Eu não sou só as minhas visualizações, assim como não sou apenas os vídeos que faço e as fotos que posto. Na verdade, isso são coisas que amo e que fazem parte da minha rotina de trabalho. Sou muito mais do que isso. E você também é muito mais do que as pessoas enxergam.

Valorize quem você é

Sou o que aprendi ao longo do tempo, os valores que carrego comigo. Sou o amor que recebi da minha mãe e o amor que sinto pelas pessoas que estão ao meu lado. Sou as minhas ideias e as pessoas que ajudo diariamente. Sou as séries a que assisto, os amigos que tenho e as mágoas que perdoei. Sou os erros que cometi, as lições que meus fracassos me ensinaram, as perdas, as dores e as alegrias que minha família e eu vivemos juntos.

Há tantas e tantas camadas dentro de mim que, quando vejo alguém dizendo "a Luara não é mais aquela garota fofinha, que decepção", não fico mais triste. Entendi que, se eu considerar tudo o que falam a meu respeito, terei que me tornar uma pessoa que não sou e me transformar em alguém que inventaram para poderem me criticar. São opiniões baseadas em apenas 2% do que as pessoas enxergam de mim.

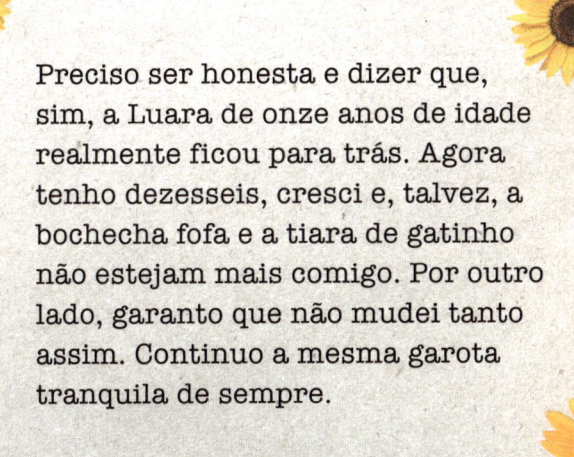

Preciso ser honesta e dizer que, sim, a Luara de onze anos de idade realmente ficou para trás. Agora tenho dezesseis, cresci e, talvez, a bochecha fofa e a tiara de gatinho não estejam mais comigo. Por outro lado, garanto que não mudei tanto assim. Continuo a mesma garota tranquila de sempre.

Não vou negar que o ódio ainda me deixa chateada. É impossível não se incomodar com toda a crueldade desse tipo de comentário. Mas o que faço agora é transformar as pedras que jogam em ferramentas que vão me ajudar a crescer. E, lá do alto, o que eu enxergo é tudo o que ainda quero criar e produzir, as viagens que ainda irei fazer, as pessoas maravilhosas que ainda irei ajudar...

Então, independentemente do que você escolher como carreira, lembre-se de que discursos negativos, criados para te desanimar, sempre existirão. Mas, se você mantiver o foco no que acredita, nas pessoas que ama e nos sonhos que quer realizar, vai encontrar em si mesmo a vontade de que precisa para não parar nunca.

Capítulo 6

Quando quase desisti da internet

O episódio envolvendo meu cancelamento aconteceu em uma época em que eu estava questionando o tipo de conteúdo que estava produzindo.

Eu queria fazer coisas novas e já não sabia mais como fazer isso. Com todas as críticas, também fiquei em dúvida se teria emocional para continuar na internet.

Na época, eu não via mais tanto sentido no que fazia. Só pensava em desistir.

A internet é um lugar incrível, um espaço aberto para todos que têm vontade de criar e descobrir seus talentos. Mas também pode ser um lugar bem tóxico.

Muita gente diz que receber mensagens de ódio está no pacote de ser produtor digital de conteúdo e que, se você quiser trabalhar com isso, terá que aceitar. É verdade, sempre haverá quem não goste de você. Mas não concordo que a gente deva banalizar e ignorar o ódio, achando que é normal alguém ser atacado o dia inteiro apenas por ser uma pessoa pública.

Não é porque meu trabalho me dá visibilidade que as pessoas próximas a mim e eu não mereçam respeito. Somos todos seres humanos, que vivem uma vida normal, seja produtor digital, estudante, astronauta ou advogado. E se todo mundo deve ser respeitado, ainda que as outras pessoas não concordem com as decisões que são tomadas, naturalizar essas manifestações de ódio é inaceitável. Ninguém deveria se acostumar com isso.

Só que, naqueles dias confusos, em que eu estava tentando entender o que havia de errado comigo para ter provocado raiva em tanta gente, tudo o que conseguia fazer era me responsabilizar e me cobrar. Aí, a rotina de gravar vídeos e postar nas redes sociais se tornou uma tortura. Não tinha mais vontade de continuar. Parar na frente do celular e dançar as músicas da moda, que antes eu adorava, se tornou algo vazio. Vlogs, que também eram uma característica do meu conteúdo, viraram um peso. Sentia vontade de gritar só de pensar em organizar o dia para produzir um.

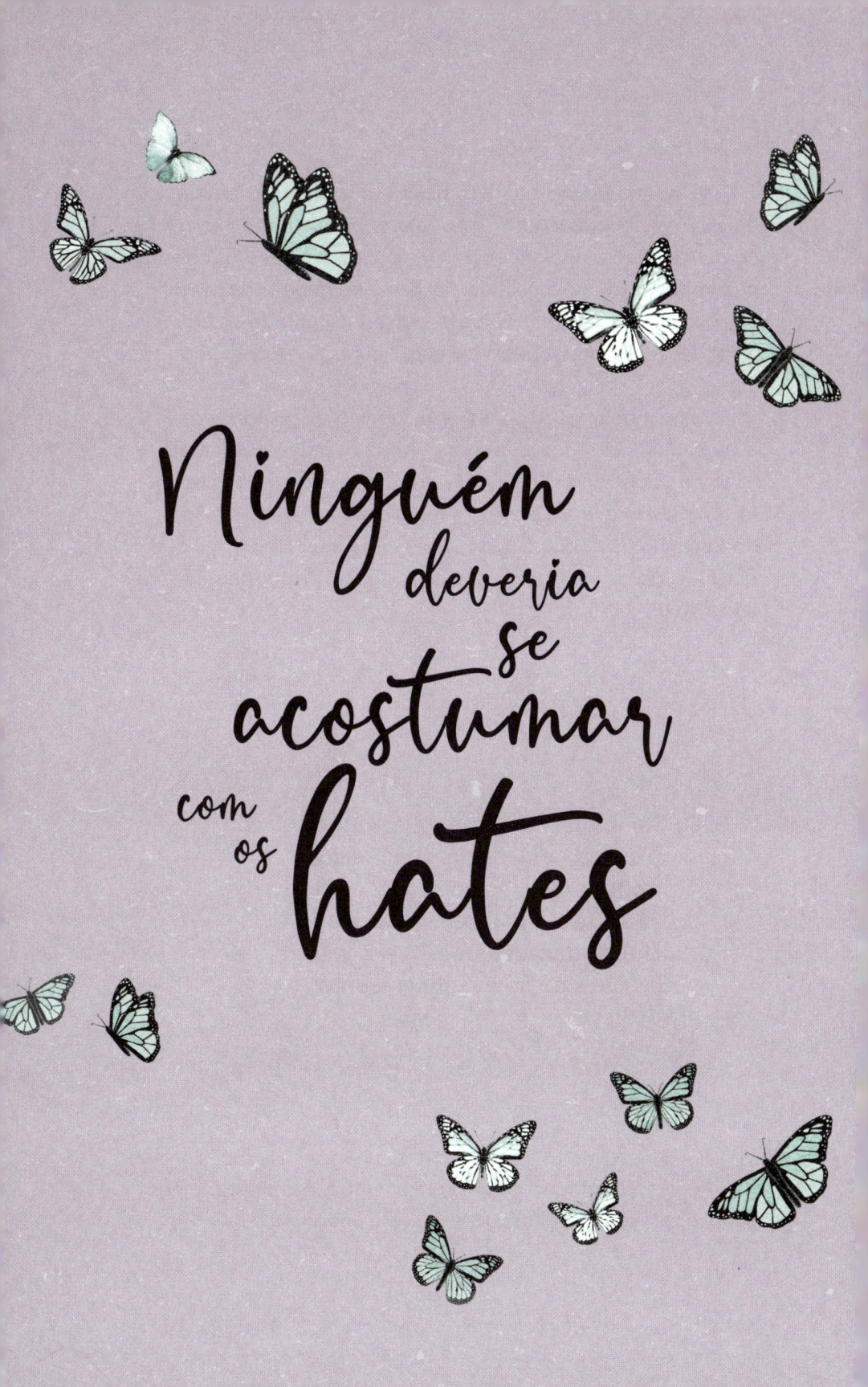

Ninguém deveria se acostumar com os hates

Ao mesmo tempo, eu sofria, porque queria ser a Luara de antes. Eu me cobrava para não abandonar tudo o que havia construído e para não decepcionar meus seguidores e as pessoas que trabalhavam ao meu lado. Poxa, muitos dependiam de mim para ganhar seus salários. Então, mesmo sem vontade de produzir nada, me sentia pressionada a me reencontrar o quanto antes.

Minha mãe chegou a conversar comigo perguntando se eu queria fechar todas as minhas contas das redes sociais e até mudar de país, recomeçar uma vida. O desejo de me ver bem foi tão grande que ela olhou nos meus olhos e, mesmo sabendo do tamanho do nosso compromisso, perguntou: "Filha, você quer parar? Eu paro tudo agora, se você quiser. Não estou nem aí para nada disso".

No início, me obriguei a voltar a produzir vídeos porque pensei muito na Luara do passado. Ela ralou tanto para chegar aonde tinha chegado que não era justo a Luara de hoje simplesmente desistir!

As primeiras gravações exigiram um esforço enorme. Depois, ficou mais leve, à medida que tudo foi se encaixando.

Minha profissão, antes de qualquer coisa, envolvia muitas pessoas: as que gostavam do meu conteúdo e se inspiravam no que eu fazia, por isso ficariam tristes se desistisse; e as da minha equipe, que já dependiam de mim e que eu tinha a oportunidade de ajudar com o meu trabalho.

Entendi que o meu trabalho não era somente sobre mim. Tinha um propósito muito maior. Bom, você já deve ter percebido que acredito nessas coisas — e tenho meus motivos. Considerando que nunca fui da TV, comecei do zero, no anonimato, e que com bem pouca idade já tinha tantos milhões de seguidores, não dava para esperar algo diferente, não é?

Foi assim que encontrei energia para voltar a dar alguns passos rumo à minha rotina de trabalho, quando entendi que a minha contribuição para o mundo era levantar da cama e fazer acontecer.

Foquei em como poderia colaborar com as pessoas que me seguiam e me concentrei nas mensagens de amor, que sempre foram muito maiores, mesmo no auge da onda de ódio. Algo clareou para mim e só então percebi que, no mesmo dia em que fui supostamente "cancelada", ganhei 100 mil seguidores em menos de 24 horas! Isso era muito! Eram pessoas que tinham me conhecido, ouvido a minha história, curtido meu jeito e meu conteúdo e entendido que não dá para acreditar em tudo o que falam na internet.

Capítulo 7

O ódio não
faz muito
sentido,
faz?

Talvez, esteja na hora de a gente começar a conversar sobre todo o ódio na internet para criarmos um ambiente mais saudável a todos que usam as redes sociais e querem continuar fazendo a sua arte, do seu jeito.

Tenho a sensação de que boa parte desse ódio é movimentado por pessoas que não sabem por que estão fazendo aquilo. Não posso falar por todos os produtores digitais, nem afirmar que todo hate é assim, mas no meu caso, em que li muitos comentários, me dei conta de que havia muita gente brava comigo por razões que nem eram verdadeiras.

E o mais maluco de se pensar é que é da internet que estamos falando. Ou seja, as informações estão todas lá. Então, se alguém quer confirmar se o que estão dizendo sobre alguém é verdade, basta pesquisar.

Parece lógico fazer isso, mas percebi que pouca gente envolvida no movimento contra mim tentou descobrir se as versões que estavam sendo contadas eram reais.

Isso ainda me deixa muito triste. Mas tem um ponto que sempre considero e que me faz olhar para isso tudo sem rancor. Por trás de cada comentário de ódio, existe uma pessoa também. Um ser humano, igual a mim e a você. Um adulto, um adolescente e até crianças, que odeiam alguém e talvez nem entendam direito o porquê.

Acho que é por isso que nunca vou conseguir ter raiva de um hater. Fui ensinada a ter compaixão pelo próximo, desde pequena, e muitas vezes é só isso que consigo sentir por quem nem sabe o motivo de não gostar de alguém que sequer conhece. Conversei muito sobre isso com a minha mãe. E o que ela me explicou é que o ódio pode ser um sinal de que algo não está bem. Se há raiva em alguém, talvez haja também uma frustração ou uma tristeza por falta de amor dentro de casa ou por causa de alguma experiência difícil.

Claro que uma vida com problemas não dá direito a ninguém de machucar outras pessoas.

Mas, depois de conversar bastante com ela sobre tudo isso, lembrei-me de como ter uma família amorosa me salvou em tantas situações que não sei se teria aguentado. Minha avó deixou muitas lições para mim. Ela, que teve uma vida complicada, costumava dizer que a gente tem que ser generoso com o outro. E que amor é a única coisa que importa.

Sei que nem sempre a gente tem o amor de familiares, de amigos ou de um namorado ou namorada. Então, encontre um amor para você se agarrar nas horas difíceis, em que você está sentindo vergonha de si mesmo, sem vontade até de acordar de manhã, sentindo-se para baixo. O que sugiro é que você se agarre ao amor a você mesmo.

Como?

Faça um exercício de recordar coisas maravilhosas que fez na sua vida até hoje. E sinta orgulho de você. Ainda que tenham muitas pessoas tentando te jogar em um buraco e te diminuir, não se deixe contaminar. Se recolha um pouco, fique um tempo no seu cantinho e pense em cada pequena contribuição que você deu ao mundo, nas atitudes simples e que foram importantes para você ou para outras pessoas.

Liste coisas como ter ajudado um animal de rua, ter sido colaborativo em casa, ter oferecido o ombro para alguém que precisava, ter ajudado uma vizinha a carregar as sacolas, ter estudado com dedicação para tirar boas notas, ter passado de ano, ter dividido o seu lanche com um amigo que não tinha o que comer naquele dia no intervalo...

Ainda que pareça que você está totalmente sozinho, nunca se esqueça de que você tem a si mesmo. E, sem dúvidas, há várias atitudes que tomou na vida que te fariam pensar "nossa, que legal!", se tivesse visto outra pessoa fazendo a mesma coisa.

De certa forma, esse também é o caminho que vai levar você a encontrar novos amores. Ele começa pelo sentimento de respeito por si próprio, em que você se valoriza, se posiciona segundo o que acredita e é generoso consigo mesmo. A partir daí, novas portas podem se abrir.

Digo isso porque a gente precisa ter essa postura para conquistar o que deseja. Como é que você vai conquistar um público na internet e convencê-lo de que o seu material é legal se nem você se apoia e se admira? E não é de arrogância que estou falando, é simplesmente de você encontrando razões para se respeitar e se dar valor.

O mais legal de mudar o jeito de se enxergar é que, sem querer, você acaba criando oportunidades. Quando está conectado com o que gosta, acaba buscando pessoas que tem gostos parecidos. E é nesse momento que você pode descobrir novos ídolos e começar a interagir com gente nova.

> Amar a si mesmo é o primeiro passo para você amar mais e se doar a coisas legais, com as quais se identifica.

Essa troca com pessoas que compartilham gostos e sonhos semelhantes, tanto na internet quanto na vida, vai te levar a novas amizades verdadeiras, amores surpreendentes e, por consequência, diferentes caminhos para ser feliz.

Sabe, a conclusão que cheguei é que não tenho controle sobre as dificuldades que as pessoas passam e sobre como irão lidar com isso. O que posso fazer, e farei sempre, é compartilhar o que sei para ajudar as pessoas que me acompanham a encontrarem formas de ficar bem. Além de torcer para que elas busquem exemplos que as façam sair de algum momento mais triste, se recuperem e sigam em frente. Todos nós podemos ser mais felizes se escolhermos um caminho diferente ao do ódio e do rancor.

Algo que também conversei com a minha mãe, e gostaria muito de te contar, é que nem eu nem você precisamos ter inveja de ninguém. Porque o sucesso de uma pessoa não impede as outras de crescerem. Há espaço para todos, dentro das possibilidades que a vida de cada um oferece. Então, por que não lutar por isso em vez de odiar quem conseguiu?

O que sempre digo para os adolescentes que me procuram pedindo conselhos a respeito de trabalho na internet é o seguinte: descubra o que só você pode fazer e que ninguém mais pode. O que quero dizer com isso é que a sua maneira de se expressar, a sua voz, a sua personalidade e as suas ideias são únicas. Em vez de pensar só nas limitações que possui, transforme todas elas em um trampolim.

Na época em que tinha poucos recursos, minha mãe e eu encontrávamos uma solução para tudo. Produzíamos conteúdo com o que estava acessível. O tripé era a janela da sala ou um monte de livros, uma pilha de caixas, a estante do quarto. A luz que tínhamos era a que vinha de fora mesmo. Tudo ficava incrível porque o importante não era a estrutura em si, mas sim a mensagem que queríamos passar. É assim até hoje, afinal, ainda não tenho câmera ou grandes edições, tudo o que faço é mais espontâneo e improvisado, e isso acabou virando até uma característica do meu trabalho.

A questão é que, quando você precisa fazer muito com pouco, a criatividade parece que flui ainda mais.

Ninguém está livre de errar. Aliás, só não erra quem não faz. Se você errar, está tudo bem. Aprenda, corrija o que precisa ser corrigido e continue. Quando a gente decide ir atrás dos nossos sonhos, vai encontrar barreiras. Isso faz parte.

Em seis anos de carreira, achei que os comentários negativos algum dia diminuiriam. Hoje, sei que o foco principal está longe de ser a quantidade de haters que existem. A questão é não parar nunca, ainda que tentem me desanimar.

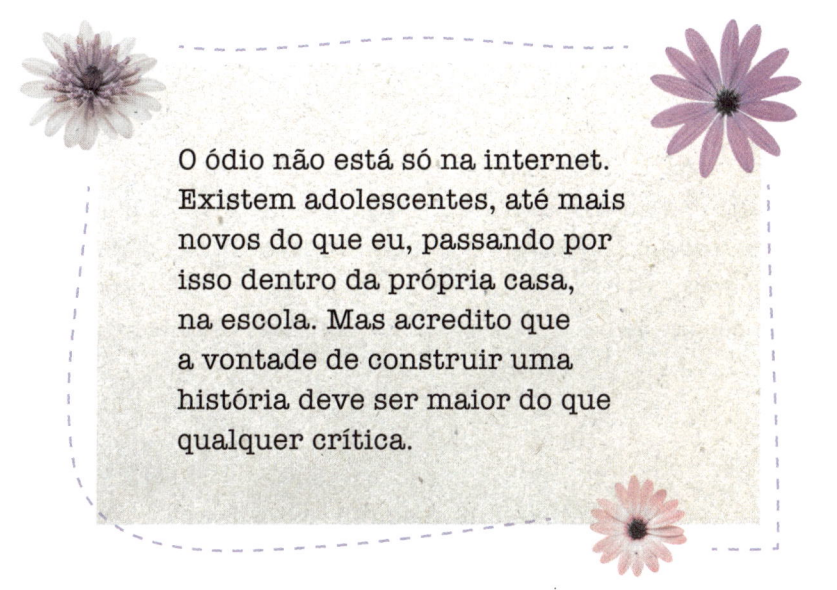

> O ódio não está só na internet. Existem adolescentes, até mais novos do que eu, passando por isso dentro da própria casa, na escola. Mas acredito que a vontade de construir uma história deve ser maior do que qualquer crítica.

Não importa o que os haters estão dizendo, eles sempre estarão lá para repetir as mesmas coisas. Tudo de negativo que eu encontrar no caminho a partir de agora, ainda que me deixe triste, não vai me fazer desistir de falar a minha verdade. Tenho certeza de que, desse jeito, continuarei atraindo as pessoas que realmente importam para mim. Por que devo dar tanta atenção a pessoas que têm a coragem de julgar, difamar, propagar mentiras sobre alguém? Por que devo me importar com pessoas que se sentem confortáveis em linchar alguém virtualmente sem se darem ao trabalho de pesquisar sobre o que elas estão falando? E, muitas vezes, são elas mesmas que inventam ou aumentam essas histórias em nome da audiência de seus posts. Por que me importar com alguém de quem, na verdade, eu deveria querer distância?

Minha mãe me ajudou a entender tudo isso. E a enxergar que, com todas essas dificuldades, nos tornamos mais fortes. Ter que lidar com uma situação tão triste fez com que eu ganhasse a chance de olhar para a minha trajetória. Quando me dei conta das coisas incríveis que construí e das pessoas lindas que conheci por causa do meu trabalho, os obstáculos diminuíram.

Então, acho que as dificuldades me deram novas ideias para seguir na carreira que escolhi. Aliás, foi nesse momento que entendi o que, na época em que quase desisti da minha profissão, ainda não tinha ficado claro para mim. A razão por trás da minha audiência na internet, o motivo que faz com que eu cresça todos os dias.

> O motivo é o meu foco em encontrar a minha melhor versão. Quando você entende isso, a opinião de quem quer te derrubar já não tem mais tanto peso assim, porque independentemente do que as pessoas falem, você está na sua melhor versão, e é isso que Deus espera de você.

Por isso é que, em tudo o que faço, coloco quem sou com todo o coração. Nunca fui a melhor dançarina, a melhor maquiadora, a melhor atriz, nem a melhor escritora, e é essa a realidade, a minha realidade, a realidade que meu público sempre viu. Com verdade e transparência.

Para continuar levando alegria e inspiração para as pessoas, entendi que preciso prestar atenção apenas naquelas que realmente me acompanham e sabem reconhecer a minha missão. A missão de entreter, mas também de inspirar vários adolescentes e adultos apenas sendo quem eu sou e fazendo o que acredito, para que eles saibam que todo mundo pode, merece e deve batalhar pelos seus sonhos.

Para que eles também tenham a coragem de ser quem são e de se arriscarem a ir mais longe do que achavam que podiam.

Quero continuar falando de relacionamentos verdadeiros, do que eu aprendo todos os dias com quem amo, das minhas experiências e, principalmente, quero ajudar as pessoas a acreditarem que todos nós temos talentos e algo a contribuir com os outros.

Só pude enxergar tudo isso com clareza depois de ter sido cancelada.

Então, acho que, em algum nível, posso dizer "Obrigada, cancelamento".

Tá, calma, Luara, não é assim também.

Até porque, ninguém precisa viver experiências difíceis para se tornar uma pessoa melhor. Não é uma regra.

> Estou falando de fazer do limão uma limonada. Ou, quem sabe, até uma torta de limão. Um bolo. Como você preferir.

O meu trabalho vai além dos sorrisos que arranquei até aqui de quem se entretém com meus vídeos. Agora, meu propósito é fazer você e outras milhões de pessoas reconhecerem em mim a chance que todos têm de vencer.

Não sou diferente por ser persistente. Sou diferente por mostrar que nem tudo que se posta nas redes sociais é verdade. Por mostrar o que acontece por trás dos likes. E por todas as vezes que gritei por meio das minhas atitudes: "Ei, eu sou humana".

Ainda que não poste na internet cada problema que tenho, o pouco que compartilho sempre foi o suficiente para transmitir a mensagem que eu queria. Não tem problema cair e se machucar. É possível recomeçar, quantas vezes forem necessárias, contanto que você entenda que o seu o objetivo é sempre encontrar a sua contribuição para o mundo.

Capítulo 8

A vida por trás dos likes do Instagram

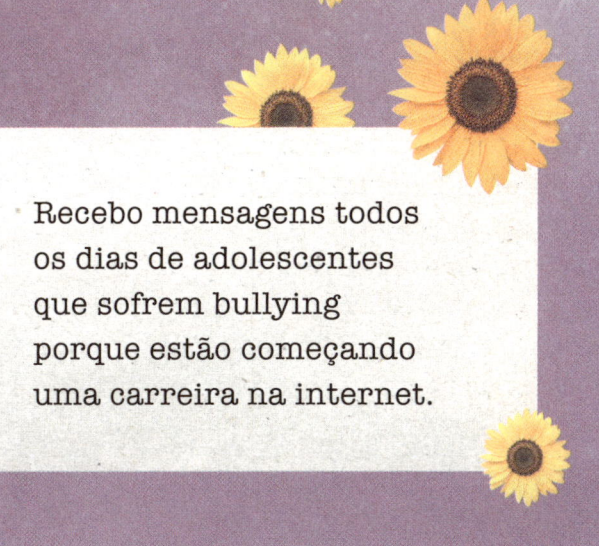

Recebo mensagens todos os dias de adolescentes que sofrem bullying porque estão começando uma carreira na internet.

Eles estão no TikTok, no YouTube, no Instagram, ainda com poucos seguidores, dando o melhor de si, entretendo, fazendo lives, mas não têm motivação para continuar, porque não param de receber comentários debochados de familiares e de colegas da escola. Junto com isso, existe o medo de flopar, de dar errado, de criar conteúdo e descobrir que estão falando sozinho. E não somente jovens, adultos também.

Eu quero, com todo o meu coração, que este livro seja uma razão para que cada uma dessas pessoas, que acredita nos próprios sonhos, persista. Percorrer um sonho pode ser solitário, ainda mais se esse sonho não se encaixa no que a maioria do mundo entende como sucesso. Torço para que todos que têm vontade de trabalhar na internet descubram a sua missão de ser quem realmente são.

> Não importa se são dez, cem ou milhões de seguidores que consomem o seu conteúdo. Talvez o seu propósito seja maior do que fazer sucesso. Se você fizer o que ama, você já terá feito tudo. Por você e por quem te acompanha.

Mas, se quer aumentar suas chances de crescer, existem algumas posturas e valores que você precisa somar ao trabalho.

Ficar se cobrando é a pior coisa que pode fazer. Não se cobre tanto. O que não quer dizer relaxar e deixar tudo na mão da sorte. O resultado que tenho hoje veio depois de muita dedicação. A minha produção de conteúdo sempre foi intensa. Na época em que comecei em um aplicativo de música, aos onze anos, eu postava dez vídeos por dia. Enquanto isso, minha mãe me ajudava estudando a internet, as plataformas, as tendências, ajustando os figurinos comigo e até participando das gravações.

Quem assistia tinha a sensação de que eu estava me divertindo. E, realmente, eu adorava. Mas o conteúdo exigia muito esforço e horas de trabalho. Cada passo dado não era à toa. A gente investia tempo pensando, aprendendo, analisando e produzindo.

Ainda assim, poderia não ter dado certo. Porque nada disso possui uma fórmula exata. Não tem como controlar o que vai acontecer no futuro. São vários fatores que vão dizer se o seu trabalho vai ter sucesso ou não. Só que, quando a oportunidade vier, e você finalmente estiver na hora e no lugar certo, fazendo a coisa certa, esteja pronto. E estar pronto significa se manter focado no que quer, produzindo, se aprimorando, somando conhecimento sobre o trabalho, atento ao que está rolando à sua volta. Se for assim, a chance de você detectar a oportunidade quando ela passar e, assim, agarrá-la é muito maior. O destino vai se encarregar de fazer o resto.

E não desista só porque existe o risco de as coisas não saírem como você gostaria. Já pensou se todo mundo que tem uma vontade ou uma vocação desistisse de correr atrás da carreira que ama simplesmente porque, talvez, dê errado? A gente não teria metade das bandas, dos filmes e dos livros de hoje. A verdade é que trabalhos voltados para a produção, seja de arte ou de conteúdo, já possuem preconceito embutido. Quem sonha em ser médico ou advogado, ganha aplausos. Agora, quem pensa em ser streamer de games ou cineasta, vai receber conselhos para largar essa ideia.

Não se cobre tanto. Mas também não conte com a sorte

Ainda bem que, hoje, a gente pode contar com o espaço que a internet oferece para que todas as pessoas talentosas possam se expressar e mostrar o que fazem. E o mais legal é que nada disso tem a ver com ser o maior, o mais famoso, o mais influencer. É um engano pensar que, se alguém não é o maior, não está no caminho certo.

Quem disse que você tem que ser o maior? Existe mercado e espaço para quem é pequeno e para quem é médio produtor de conteúdo trabalharem.

A quantidade de postagens também conta muito. Pode ser que quem está começando sinta medo de postar bastante por receio de que a visualização seja baixa, seguindo aquele raciocínio mais ou menos assim: "melhor flopar em um vídeo do que em dez". Só que esse pensamento não é verdadeiro, pelo menos, não todas as vezes.

Pensa comigo: mais vídeos alcançam mais pessoas. Ainda que eles não tenham uma visualização tão incrível, o algoritmo da rede social vai interpretar que a sua produção é intensa e, portanto, tem relevância, o que aumenta as chances de a plataforma sugerir o que você produz para mais pessoas.

Na linguagem das redes sociais, quantidade é consistência.

Porém, calma! Não pense que somente isso basta.

Se não houver verdade no seu conteúdo, além de coerência, qualidade e frequência nas postagens, não adianta. O algoritmo pode até trazer o seguidor, mas o seguidor só vai ficar se encontrar um trabalho feito com capricho.

O que não quer dizer que é preciso ter equipamentos de Hollywood. Deixe para investir dinheiro em luz, câmera e outras ferramentas quando sua produção virar um trabalho mesmo. Enquanto isso, vai usando toda sua criatividade para criar a sua identidade na internet.

Pense em assuntos que combinam com você. Não basta imitar o que já está sendo feito. Se você decidir fazer uma dancinha que está em alta no TikTok, por exemplo, pense em como você pode deixá-la com a sua cara, com a sua assinatura.

Pode ser que ainda não tenha descoberto qual é o seu propósito, a sua vocação, a sua missão, a sua pegada. Não se culpe, nem se sinta mal, se for esse o seu caso.

Eu também tenho muitas dúvidas a respeito dessas coisas e acho que a gente não deve se cobrar a fazer as escolhas certas o tempo todo, não importa que idade a gente tenha. Até porque, acho que os propósitos não são eternos. É bem possível que a gente se identifique com muitas missões diferentes durante a vida.

Então, o ideal é continuar produzindo aquilo que você acredita. Ainda que a dificuldade tenha o tamanho de uma enorme onda de hate na internet.

> O importante é buscar
> sempre e nunca desistir.

Vou compartilhar com você as coisas que, até aqui, me ajudaram a descobrir com clareza quem eu sou e para onde quero ir. Espero que possa ajudar você.

Então, vamos lá. Anota aí:

1 - Olhe para o mundo como uma criança olharia

Ter começado na internet muito nova teve uma grande vantagem. Quando eu era criança, lembro-me de me surpreender o tempo todo, porque tudo era novo para mim. Eu olhava ao redor e me perguntava o que conseguiria fazer de incrível nos meus vídeos usando as minhas roupas, os meus acessórios, o meu quarto etc. Nada era pesado e desafiador demais, porque eu não tinha um passado para carregar, nem havia nada a perder. Minha cabeça criava coisas extraordinárias para fazer com a câmera do meu celular o tempo todo.

Eu não hesitava, nem ficava preocupada com o que iam pensar. Também não tinha medo de errar, nem de parecer boba ou infantil. O conteúdo parecia inesgotável dentro de mim, porque tudo me inspirava.

Esse jeito de olhar para a vida eu ainda carrego dentro de mim. Não vou mentir, me preocupo, sim, com o que vão pensar, tenho medo de errar e, muitas vezes, me sinto insegura. Mas percebo que, sempre que paraliso por conta da pressão, a Luara pequenininha reaparece para me lembrar de que, antes de qualquer coisa, criar conteúdo precisa ser divertido.

Olhar para o mundo como uma criança é um ótimo exercício para você enxergar as coisas de outra perspectiva. Pode ajudar também a sair da piscina de desculpas em que a gente, às vezes, mergulha e que nos impede de começar aquilo que tanto queremos. Pode ser que, como eu, você descubra muito mais a respeito de quem você é e do seu propósito quando se afastar de todas suas desculpas.

2 - Comece de uma vez

Sei como é. Antes de começar qualquer coisa que queira muito, você fica imaginando um primeiro conteúdo perfeito, um TikTok perfeito, uma dancinha perfeita, um primeiro post perfeito... e nunca inicia de uma vez. Você discute quarenta mil vezes com os seus amigos, com a sua mãe e com a sua vizinha todas as razões para investir nessa ideia e todos outros milhões de motivos para desistir. Então, passa a noite revirando alternativas na sua mente, faz centenas de buscas na internet, assiste a não sei quantos influenciadores e analisa todos eles como se fosse um desses pesquisadores que fica olhando bactérias no microscópio. Desanima da ideia, se anima de novo e fica assim por dias e dias, andando em círculos, sem sair do lugar.

Pare de analisar demais. Pensar demais. Não queira tomar a decisão perfeita o tempo todo.

A parte de planejar e analisar é boa, mas tem gente que paralisa de tanto pensar.

Você poderia passar anos pesquisando todos os prós e contras de se ter um canal no YouTube, estudando todos os casos dos maiores produtores de conteúdo, assistindo a canais com dicas de como bombar nas redes sociais, fazendo cursos para criar roteiros infalíveis e, ainda assim, correria o risco de o plano não sair como você havia imaginado. E pior: você estaria tão cansado de todo o esforço perdido que nem teria criatividade para encontrar estratégias melhores.

Pois eu te digo que, quando a gente quer colocar um projeto para funcionar, temos que abandonar os nossos pensamentos por um tempo e tomar uma atitude.

Você não precisa ter um plano de seis meses de conteúdo, nem uma agenda com uma lista de todos os temas que combinam com o seu perfil. Algumas atitudes a gente tem que tomar meio sem saber direito onde aquilo vai dar. A única coisa é que você precisa sentir que a sua decisão é uma boa ideia, ainda que uma parte do plano não esteja muito claro em sua cabeça.

Não se preocupe caso você se sinta sem rumo e não tenha nem ideia por onde começar. Fique atento ao que faz bem para você. Se tem algo que parece te chamar, ouça e se pergunte o que há ali que te atrai tanto. E, então, dê um passo em direção a isso.

Apenas comece. Muitas informações virão durante o caminho. Descobri muita coisa a respeito da minha carreira, de quem era como produtora de conteúdo e das minhas habilidades enquanto eu fazia, e não quando pensava.

3 - Dê o seu melhor, sempre

Quando era mais nova, não tinha ideia de que o capricho e a dedicação que eu tinha com os meus conteúdos — na época em que praticamente falava sozinha na internet — teriam tanta influência no crescimento da minha carreira.

Tem pessoas que pensam que, enquanto têm poucos seguidores, não precisam se dedicar tanto assim. Elas pensam que é melhor se esforçar apenas quando tiverem muitas visualizações. Essa maneira de agir está errada por um motivo bem simples: quando a oportunidade certa aparecer, você precisa estar pronto.

O que eu quero dizer com isso é que, se você tratar o que faz hoje como se não fosse importante, como se não merecesse a sua dedicação, nunca sairá do lugar.

Imagine uma sorveteria que acabou de abrir (vou usar esse exemplo porque adoro sorvete). Como a proprietária ainda não tem muitos clientes, ela decide nunca fazer sorvete, pois tem medo de ter que jogar tudo fora. "Quando os clientes começarem a aparecer, eu começo a produzir", a dona da sorveteria pensa. Agora, me responda: você iria a uma sorveteria que não tivesse sorvete? Não. Ninguém iria.

Então, a lógica não é "Vou começar a me dedicar quando estiver crescendo", mas, sim, "Vou me dedicar porque só assim vou começar a crescer".

Lembre-se de que é uma jornada. E para alcançar a linha de chegada, você precisa atravessar a estrada toda. Então, dedique-se em tudo o que for fazer, não importa o número de pessoas que esteja acompanhando. Trabalhe para cada seguidor como se só ele realmente importasse. Isso vai te ajudar a sempre preparar o que você tem de melhor e, assim, atrair cada vez mais pessoas para o seu conteúdo.

4 - Criar tem que ser divertido

Olha, este é o melhor conselho que eu poderia dar, mas, ao mesmo tempo, sei que é o mais difícil de se colocar em prática. Aliás, esse é um dos grandes desafios que a gente tem que enfrentar quando decide correr atrás de um sonho. Quando algo dá certo, a vontade é de dançar um funk enquanto grita, rebola e comemora o bom resultado.

Mas se algo pequenininho dá errado, pronto. A gente só pensa em deitar em posição fetal e ficar lá reclamando e chorando para sempre.

Fora a pressão que colocamos em nós mesmos, exigindo resultados incríveis em um período muito curto. E aí, sei lá, se em uma semana não conseguimos muitos seguidores ou visualizações, já nos culpamos, postamos nos stories uma frase tipo "eu sou flopado, que vida horrível que eu tenho" e desistimos.

Não estou dizendo que todas as pessoas que produzirem conteúdo e persistirem irão conseguir fama e milhares de seguidores. Não dá para garantir isso. O que estou dizendo é que se nós não estivermos nos divertindo com o que estamos fazendo, as chances de sucesso serão muito pequenas.

Em seis anos de carreira na internet, tive fracassos, como todo mundo. E, em muitos deles, estava focada demais em resultado, em números, na minha aparência, nas minhas cobranças internas, ou seja, em tudo que não era o mais importante.

O que me fez crescer nunca foi a preocupação com os números. Pelo contrário. Os meus números só aumentaram porque passei boa parte da minha vida sem pensar neles.

Mesmo com todas minhas dificuldades e limitações, na maioria das vezes, consegui me manter conectada à alegria de trabalhar com o que acredito ser o meu propósito, ao desejo de levar um pouco de diversão para as pessoas, à minha verdade e à essência. Isso tirava o peso de muitas situações. E conseguia me divertir enquanto criava e gravava vídeos. As pessoas percebiam e voltavam sempre, porque gostavam do que eu transmitia.

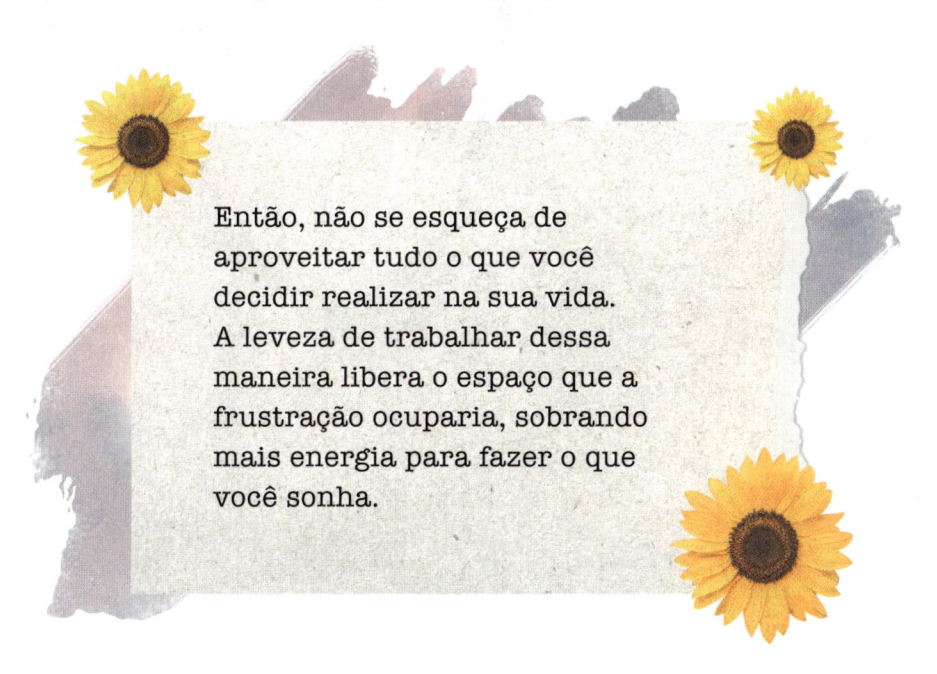

Então, não se esqueça de aproveitar tudo o que você decidir realizar na sua vida. A leveza de trabalhar dessa maneira libera o espaço que a frustração ocuparia, sobrando mais energia para fazer o que você sonha.

5 - Se tem gente fazendo, não é impossível

De novo, não estou dizendo que todo mundo que sonha em trabalhar na internet irá atingir milhões de pessoas e ser famoso. Mas também você não pode acreditar que está fadado a fracassar e que, por isso, nem deveria tentar.

É normal a gente pensar que aquilo que desejamos nunca irá se tornar realidade. Pensar que um sonho grande pode dar certo é quase tão absurdo quanto acreditar que aquele ator adolescente

da sua série favorita — e que você acha um gato — pode ser seu namorado um dia.

Pode ser que você sonhe em ser um grande produtor de conteúdo digital e pense: "Sei que é algo ridículo, que nunca vou conseguir". Mas será mesmo que é tão ridículo assim? Olhe a quantidade de pessoas que existem hoje no mundo vivendo exatamente dessa profissão.

Acho que, antes de correr atrás do que você sonha, é importante mudar a forma de pensar. Não estou dizendo que você precisa ser aquele tipo de pessoa otimista que descarta qualquer possibilidade de dar algo errado na vida, até porque, esse tipo de coisa não é real. O que estou dizendo é que, para concretizar qualquer sonho, o primeiro passo é ter consciência de que a chance que você tem de fracassar é igual à chance de você obter sucesso. Ser uma pessoa negativa tira todo o ânimo do qual precisamos para batalhar pelos nossos sonhos e, sem batalhar, é impossível sair do lugar.

6 - A graça da internet é a naturalidade

A internet é uma vitrine livre. Diferente da televisão, que muitas vezes você depende de inúmeros critérios para conseguir um espaço, na rede você só precisa trabalhar, se dedicar, mostrar o seu talento e ser persistente. O seu público vai te encontrar. Talvez, você não seja o maior, nem o mais famoso, mas vai se destacar no seu espaço. Ainda que aquilo que você faz não dê tanta audiência assim e leve mais tempo para construir o seu público.

Há lugar para todo mundo. E, o melhor, não há uma regra. Você aborda o assunto que quiser. Como você vai fazer isso?

Eu vou dizer o que funciona para mim por ser o que acredito: o mais importante é você transparecer quem é de verdade.

Isso não quer dizer publicar todos os problemas da sua vida. Mas, sim, transmitir a sua realidade, a sua verdade. Não tenha medo disso, porque alguém irá se identificar com o que você tem a dizer.

E se o seu verdadeiro talento é o seu carisma, pode ser que o seu conteúdo esteja no dia a dia. Tudo o que você precisa fazer é contar a sua história do seu jeitinho.

7 - Identifique-se com o que você faz

Se você trabalha em um escritório e não gosta do que faz, talvez se sinta feliz só quando chega em casa. Mas, como você precisa pagar as contas, vai continuar no seu emprego, e tudo bem, porque no final do dia você tem para onde voltar. Mas, quando você trabalha com a internet, geralmente, não tem como voltar para casa, pois já está na sua casa. Sua vida é o seu trabalho. São 24 horas! Então, você precisa encontrar tranquilidade naquilo que faz e se identificar com o trabalho. Se apenas o dinheiro for a sua motivação, talvez só se sinta feliz quando desliga a câmera.

8 - Analise seus erros para entender como fazer melhor

Comentários negativos não devem ser o seu foco, o que não quer dizer que você não tenha que encarar os seus erros para melhorar. Lembro-me de quando eu era — para alguns — a garota baixinha, gordinha, cara de bolacha, que dançava mal, que cantava mal e que falava baixo demais em um canal desanimado no YouTube. Olha, não vou dizer que essas opiniões estavam completamente erradas, pois sei que não comecei acertando em tudo. Mas não permiti que as críticas me bloqueassem, e isso não significa que ignorei o que precisava melhorar em mim e na maneira como fazia meus conteúdos.

> Então, encare suas falhas como grandes oportunidades de amadurecer e invista em você para que faça suas coisas cada vez melhor.

9 - Vídeos virais nem sempre significam sucesso

Vídeos virais, daqueles forjados, com tags e modinhas, podem trazer audiência. Claro que é legal e até importante gravar o que está em alta, desde que você já tenha construído uma identidade nas redes sociais.

Mas é uma ilusão acreditar que vídeos virais vão aumentar seu número de visualizações e dar uma levantada no engajamento,

É preciso se reencontrar para evoluir

porque, muitas vezes, o que acontece é justamente o contrário. Conteúdo com cara de forjado não convence mais ninguém hoje em dia. Pior: haverá seguidores que irão se sentir enganados. E não vão querer voltar ao seu canal.

> Foi pensando em como agradar as pessoas que me acompanhavam que consegui conquistar milhões de seguidores. Variando meu conteúdo, inovando, diversificando os vídeos, construindo uma identidade com base na minha verdade.

Pense que o seguidor que decide consumir o seu conteúdo está atrás de algo que só você pode entregar, mais ninguém. Por isso, meu conselho seria priorizar a qualidade. E isso exige paciência. Vá devagar, sem afobação, para que construa uma carreira sólida, com base em quem você é.

10 - Assuma sua personalidade. É ela que fará você se diferenciar das outras pessoas de sucesso

Falando sobre o volume da minha voz, que criticaram tanto no início da minha carreira, a verdade é que eu não tinha como

inventar outra voz para mim. Ainda que forçasse um pouco, para falar mais alto, não conseguiria manter isso por muito tempo. Eu me cansaria tentando ser alguém que não sou.

O legal foi que, com o passar do tempo, mais e mais pessoas começaram a assistir ao meu canal, dizendo que adoravam o meu jeitinho mais calmo de falar. Então, não tenha medo de assumir as suas características. Há público para todo tipo de canal. Tudo o que você precisa fazer é encontrar quem se identifica com o seu estilo. E você só poderá atrair essas pessoas se for autêntico.

Ah, uma dica importante: ser autêntico não significa não ter influências ou inspirações. Analise os produtores de conteúdo que você mais gosta, descubra o que te agrada e traga essas referências para o seu canal. Aprenda com quem entende mais do assunto. O que você gosta também faz parte do seu estilo e, portanto, vai te ajudar na construção da identidade do seu conteúdo.

11 - Para fechar, um conselho esquisito

Não sei se alguém já te disse isso, então vou dizer: acredite no poder do ódio que é jogado contra você. Luara, como assim?

Já parou para pensar que ninguém se incomoda com pessoas que não têm luz? Isso quer dizer que, se você está incomodando, há uma grande chance de estar no caminho certo. Encontre na energia das críticas a afirmação de que você precisava para saber se seu trabalho mexe com as pessoas de alguma forma.

Transforme isso em energia para fazer ainda melhor e, assim, brilhar cada vez mais.

E é assim que você vai crescer, que vai encontrar mais pessoas para se inspirar, novos propósitos... E vai entender que está aqui para fazer a diferença.

Tenha sempre as pessoas que você ama por perto. Quando a tristeza vier, converse com sua família, seus amigos, peça apoio e volte ao seu foco.

Então, reflita sobre este jeito positivo de olhar para o ódio. É possível que esse sentimento esteja mais ligado ao seu sucesso do que imagina. Se você se colocar no mundo e fizer a sua arte, os "odiadores" irão surgir. Enfrente-os com coragem. Se você está ali para inspirar, ódio nenhum pode te tirar do seu objetivo.

Capítulo 9

Dezesseis anos com cara de quatorze

> Pode ser que muita gente
> que me veja na internet
> acredite que eu tenha uma
> autoestima inabalável.

E, sim, me valorizo como mulher, como profissional, porque, na verdade, valorizo quem eu sou. Mas isso não quer dizer que nunca me sinta meio esquisita.

Dentro de mim, há uma Luara insegura e zero confiante.

E está tudo bem.

Como muitas outras adolescentes da minha idade, me decepcionei com amizades, tive problemas na escola com pessoas que não gostavam do meu jeito e sou uma produtora de conteúdo que precisa lidar com comentários na internet, dizendo que eu não sou boa o suficiente.

Sabe, vou ser bem sincera com você: por um tempo, as rejeições me convenceram de que eu era deslocada. Mesmo que fosse o tipo de garota que gostava de fazer graça, que era fiel às pessoas que amava, que tinha uma tendência ao bom humor, teve uma época que eu não conseguia parar de pensar que havia algo de errado comigo. Até tentei mudar a minha personalidade só para ser aceita pelas pessoas da minha idade, que tentavam me diminuir.

O problema era que me sentia atrasada em relação às outras meninas, como se tudo em mim não combinasse com a idade que eu tinha. Com doze, treze, quatorze anos, os adolescentes da minha idade pareciam mais velhos do que eu. Detestava me sentir mais nova, como se fosse infantilizada. Em eventos com outros artistas, festas com influenciadores e encontros, era comum eu ser tratada como a fofinha, a bonitinha, a menininha. Sei que, em boa parte das vezes, a intenção das pessoas não era ruim, só que isso me deixava meio irritada.

> Poxa, eu não era infantil! Tá, tudo bem, não que eu fosse uma mulher de quarenta anos dentro do corpo de uma garota, mas tinha alguma maturidade. Então, por que tanta gente me via daquela forma?

> Eu até pensava "não, tudo bem, porque vou crescer e isso vai passar com o tempo". Pois é. Só que não passou.

Aqui estou eu, com dezesseis anos, e juro: muitas pessoas ainda postam comentários horrorizadas porque eu danço, namoro e me visto como me visto, e que essas não são coisas que uma menina de quatorze anos deveria fazer ou usar.

Pessoal, eu tenho dezesseis anos.

Isso quer dizer que me sinto superadulta, que amanhã vou morar sozinha, fazer um mochilão pela África, só minha garrafinha de água e eu, e investir todo meu dinheiro em ações na bolsa? Não. Mas acho que uma garota de dezesseis anos já é capaz de tomar algumas decisões sobre a sua vida emocional e a sua carreira, com o apoio da família.

Aliás, essa discussão sobre a idade que tenho e a que aparento ter sempre rendeu muito assunto na internet. Então, acho que já me conformei. Consigo até me imaginar com dezoito anos, tirando a carteira de motorista, postando foto dirigindo e, três segundos depois, ver comentários do tipo: "Meu Deus, quem foi que deixou uma criança dirigir?", "Cadê a mãe dessa menina?". Ou me imagino casando, com quase trinta anos, e gente questionando se eu não deveria estar curtindo os namoradinhos. "Nova desse jeito, para que casar tão cedo?".

É, acho que já aceitei. Essa coisa de ter cara de novinha vai gerar muito assunto ainda.

Mas quer saber? Acho que isso também é um dos meus encantos. Por que não ser a novinha, com cara de menina e a maturidade de uma mulher que quer sempre evoluir, trabalhar muito e ser melhor?

Hoje, me sinto mais tranquila com quem sou. E, sério, não acho que sou mais especial do que as outras pessoas. Porque a graça disso tudo é que cada um tem o seu tempo de amadurecer e de entender a si mesmo. Então, se a gente é único, não adianta se comparar com os outros, nem acreditar em tudo o que as pessoas falam de nós. O meu caminho não é o seu, portanto, não há competição. Ninguém tem que chegar em primeiro. Cada adolescente vai crescer de uma forma, com a sua história, com os seus traços, suas características físicas e com as suas experiências. E reconhecer isso faz a gente respirar mais tranquilo para sentir a vida, seguir e construir os nossos sonhos.

Capítulo 10

Tudo começou com um "KKKK"

> Eu jurava que seria focadíssima na vida profissional, totalmente concentrada na carreira, que nem ligaria tanto para romance.

Não que não achasse isso importante, só para deixar claro.

Minha mãe me ensinou a força que os relacionamentos têm na nossa vida. Cresci ouvindo-a explicar que não é só o trabalho que faz a gente evoluir. Ter um relacionamento, se houver respeito e sentimento sincero, transforma a gente para melhor. E eu acreditava nela, entendia tudo aquilo. Ainda assim, nunca fui uma garota que acreditava em amor à primeira vista ou que adorava comédias românticas.

Também não tinha muitos crushes em pessoas reais (e o "reais" é importante destacar, porque, se você me perguntar sobre paixões imaginárias, tipo por atores, cantores e personagens de séries, aí é diferente). Eu pensava que me daria melhor sendo solteira.

No meu primeiro relacionamento, entendi algumas das coisas que minha mãe dizia sobre um namoro ensinar a gente a dividir, a estar lá por alguém, a amadurecer, a perdoar, a trocar, a ceder e a aprender a amar. Não importa gênero, nem orientação sexual.

E é a mais pura verdade.

Aprendi isso com o meu primeiro namorado, que é uma pessoa que admiro até hoje. Tenho certeza de que não seria quem sou hoje se não tivesse convivido com ele.

Ficamos juntos por um bom tempo. E, depois de decidirmos seguir como amigos, achei que não ia querer namorar alguém tão cedo.

Mas, se tem algo que já entendi nos meus dezesseis anos de vida é que não dá para a gente se apegar a algumas certezas.

Exatamente no dia mais difícil da minha carreira, e provavelmente da minha vida, conheci o garoto que me mostraria a capacidade de amar que tenho e que me ajudaria a entender ainda mais como posso ser uma pessoa melhor quando estou com alguém que amo.

Na noite em que tudo "explodiu" na internet, entrei no TikTok para desviar meus pensamentos das coisas que estavam acontecendo. Fiquei rolando o feed, meio anestesiada, até que um garoto que já tinha visto um tempo atrás apareceu. E me lembrei dele porque tinha achado aquele menino bonito. Tá, muito bonito, na verdade.

Era o Matheus.

Não sei o que me deu. Talvez uma vontade meio desesperada de fingir que era uma adolescente com uma vida bem longe dos haters, ou pode ser que só não estivesse pensando direito. Mas resolvi ouvir minha intuição e acabei fazendo um comentário em um post dele.

Ok, não foi nada muito criativo, na verdade foi só um "kkkk", mas um "kkkk" que queria dizer "Oi, tudo bem?".

Eu queria dizer: "Tem algo em você que eu gosto, mas não sei bem o que é, só sei que quero te conhecer melhor. Só não pense que você vai comer o meu coração no café da manhã com margarina, porque não sou assim".

É engraçado me lembrar disso agora enquanto escrevo este livro para você, porque, naquela época, eu nunca seria capaz de imaginar que um simples "kkkk" faria tudo o que fez. É até meio filosófico se parar para pensar: pode ser que, para sua vida mudar totalmente, você não precise ter atitudes tão grandiosas assim. Se der um primeiro passo, nem que seja um passo pequeno, há uma chance de um mundo novo se abrir bem à sua frente.

Ele respondeu, fez outro TikTok com um print do meu comentário, eu respondi e começamos a nos falar por mensagens no aplicativo. Não queria apressar nada. Sério, tudo o que não precisava naquele momento era ser magoada.

Matheus e eu fomos nos conhecendo, e a convivência, a amizade e o carinho foram se encaixando dentro de mim. Conversei muito com a minha mãe para entender o que estava sentindo. E, com o apoio dela, pude perceber como o Matheus me fazia bem.

Sim, ainda me sentia insegura sobre o que ia fazer da minha vida. Mas estar perto dele me trouxe clareza, e a dor que estava sentindo ficou mais leve, e mais leve... Até cicatrizar. Entendi os sintomas que estava tendo. Quanto mais próximos ficávamos um do outro, mais percebia que meu corpo não estava doente.

Na verdade, eu estava triste.

Todos os sintomas que tinham aparecido estavam ligados à minha tristeza, que atrapalhava a minha saúde, os meus sonhos e as minhas decisões.

Enxergar quem o Matheus é me ajudou a fazer as pazes comigo mesma. Ele também era muito mais do que aparentava.

O menino bonito, que tinha chamado a minha atenção no TikTok, se mostrou uma pessoa incrível, amorosa e generosa, com quem eu adorava conversar.

Ficamos juntos a primeira vez e não nos largamos mais. Ainda assim, tinha receio de namorar, então resisti à ideia por um tempo. Recebia declarações quase diárias, mas meu lado "pé no chão" não deixava eu me entregar e dizer "sim" de cara. Meu plano era esperar um tempo, analisar melhor, observar mais e entender onde estava me metendo antes de me comprometer com alguém de novo.

Mas tudo fluiu. Sem programar nada, a gente acabou se apaixonando, de uma forma que eu nem sabia que era possível. O pedido de namoro foi leve, sutil, reservado, e rolou depois de muito diálogo.

O detalhe é que o meu relacionamento nasceu no meio de um caos.

Inclusive, aquele clichê de que no começo tudo parece lindo e perfeito no namoro, mas depois a tendência é a vida cair na mesmice, conosco aconteceu bem diferente. Matheus tinha acabado de entrar na minha vida e foi recebido com hate atrás de hate. A onda de ódio contra mim foi parar nas redes sociais dele. E com toda a visibilidade que o namoro estava ganhando, ele acabou sendo odiado na mesma proporção e sem motivo algum.

Era como se a gente tivesse feito o caminho inverso no nosso namoro, iniciando pela parte mais desafiadora.

O final também não foi clichê. Qualquer garoto naquela situação talvez tivesse ido embora. E se essa tivesse sido a escolha dele, eu entenderia. Mas, mesmo com as dificuldades, o que aconteceu foi que a relação se fortaleceu, em vez de se desmanchar. Uma das coisas mais especiais foi ver como sou capaz de proteger os relacionamentos que são importantes para mim.

Ao mesmo tempo, me dei conta de que não estou sozinha, nem desprotegida. Porque o carinho que recebi nesses dias difíceis me encheu com a certeza de que suporto todos os obstáculos se estiver com as pessoas que amo.

Não tenho tantas experiências amorosas assim, e sei que dezesseis anos é pouco tempo para alguém entender tudo sobre emoções e sentimentos. Mas posso dizer que cada uma dessas experiências me ensinou muito. Conhecer o Matheus, descobrir a pessoa incrível que ele é e me conectar de verdade com ele me ajudou a ver com mais clareza quem sou e quem quero ser.

Eu me senti pronta para dar novos passos na minha vida e me enchi de coragem para ter conexões reais com as pessoas de quem realmente gosto.

Entendi que há muito mais a respeito da minha capacidade de sentir e de amar que ainda não conheço. E que provavelmente ainda vou me surpreender comigo mesma no futuro, várias e várias vezes.

As pessoas diminuem o sentimento dos adolescentes, dizendo que os mais jovens não sabem nada sobre o amor. Pois eu acho justamente ao contrário. Sei que toda minha entrega nasceu da troca que ele e eu temos, desde o primeiro momento em que estivemos juntos. Acho que essa entrega começa na amizade que a gente construiu antes de nos apaixonarmos e que segue até os cuidados que a gente tem dentro do nosso relacionamento que, sim, carrega a inexperiência da adolescência.

Gosto muito da forma que a gente se protege e não consigo ver algum problema em viver isso na minha idade. É impressionante como sinto que ter alguém ao meu lado só me deixa mais segura e me ajuda a amadurecer. Acho que a vida tem um pouco disso. Situações que nos obrigam a ceder para que aquilo funcione, seja na escola, no ambiente de trabalho, com nossos vizinhos e familiares, no clube que a gente frequenta... Saber conviver em harmonia é o que traz paz para a vida.

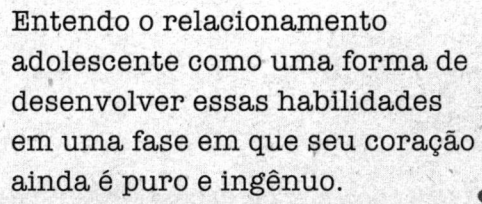

Entendo o relacionamento adolescente como uma forma de desenvolver essas habilidades em uma fase em que seu coração ainda é puro e ingênuo.

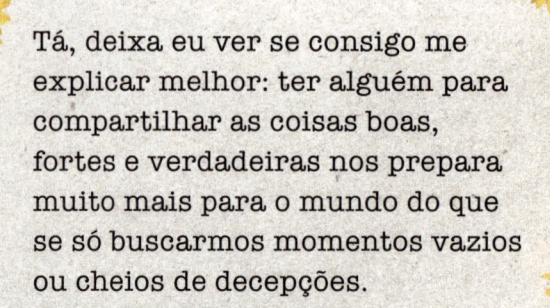

Tá, deixa eu ver se consigo me explicar melhor: ter alguém para compartilhar as coisas boas, fortes e verdadeiras nos prepara muito mais para o mundo do que se só buscarmos momentos vazios ou cheios de decepções.

As pessoas vão ter opiniões diferentes sobre esse assunto, eu sei. Mas o que realmente quero dizer é que percebo que, muitas das pessoas que acumulam traumas em relacionamentos, trazem esse histórico desde muito jovens. E, aqui, mais uma vez, vejo a experiência e os conselhos da minha mãe servindo como luz na minha vida. É que ela namora desde os quinze anos e, mesmo terminando relacionamentos que não deram certo, ela acabava conhecendo alguém mais legal que a experiência anterior.

Esse caminho a fez encontrar uma pessoa incrível, de quem eu gosto muito também, que é o meu padrasto. Os dois estão juntos há treze anos e, se tem uma coisa que eles sabem fazer, é serem amigos. Minha mãe não tem trauma de relacionamentos e sempre achei isso muito legal.

Enfim, talvez não consiga explicar em detalhes, mas cresci ouvindo-a dizer que queria que eu encontrasse alguém legal, por acreditar que essa troca de coisas boas só amadurece a gente.

Perceba que não estou falando de pegação, mas sim de doação, de troca, de construir etapas com alguém que quer seu bem, que te enche de amor e carinho, que cuida de você e tem medo de te decepcionar. Qual a chance de isso ser ruim para a sua vida?

Sei que muitas pessoas relacionam o amor com dor, mas eu não vejo dessa forma. Vejo que o amor sempre me amadureceu e me ensinou a ter carinho pelo próximo, assim como tenho carinho pelo meu ex-namorado até hoje.

O amor do Matheus por mim me traz paz, enche meu coração de coisas boas e faz com que me sinta protegida e amada, assim como já me sinto pela minha mãe e pelas pessoas da minha família. Apenas encontrei nele o amor que aprendi a dar e a receber com minha mãe, e essa troca me faz tão bem que, no silêncio do nosso olhar, me encontro com a minha espiritualidade.

Quando amo e me sinto amada, me conecto com um sentimento tão grande que me aproximo ainda mais da gratidão, da paz, de Deus. Será que as pessoas que não conseguem sentir isso e que detonam o amor não estão confundindo esse sentimento com outras coisas?

Capítulo 11

O caminho de volta até a minha verdade

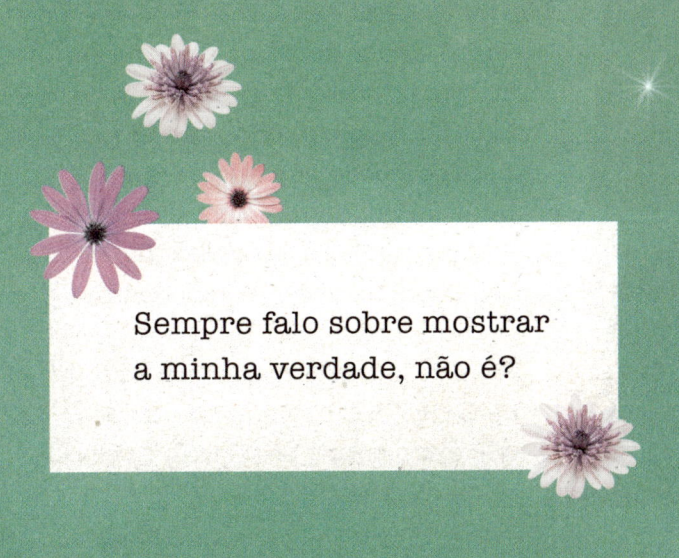

Sempre falo sobre mostrar a minha verdade, não é?

Pois foi a verdade que me trouxe de volta para o meu caminho. Com todas as dificuldades que tive, em que cheguei a duvidar de mim mesma e a me perguntar se merecia tudo o que conquistei com tanto trabalho, o que descobri foi que não estava satisfeita comigo. Estava preocupada com a opinião das pessoas.

A imagem é importante? Claro. Adoro me achar bonita quando me vejo nas fotos. Mas o que gosto mesmo é de estar saudável. Quando estou cuidando de mim, me alimentando bem e investindo na minha saúde eu tenho energia para fazer as coisas e isso me traz paz.

Então, em vez de se comparar com os outros, investigue o que faz bem para você. Não é porque um padrão de beleza ou um estilo de vida é a preferência da maioria que você precisa seguir. Sinceramente? A cada dia valorizo mais tudo o que há em mim, seja a maneira de ser, seja a minha aparência. A gente é único quando se coloca no mundo do jeitinho que é.

Acho que estou na melhor fase da minha vida. Nada é mais importante do que estar bem comigo mesma. Deixei de me preocupar com o hate, pensando se ele irá parar ou não. Sei que o comentário destrutivo e cruel sempre existirá.

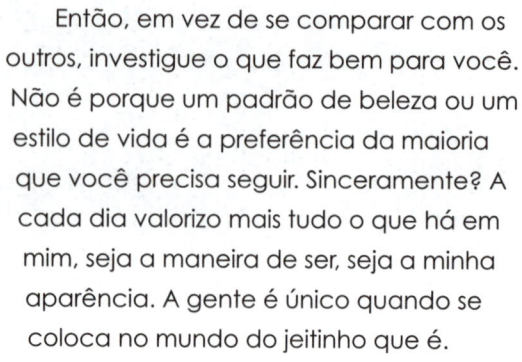

Da mesma forma, estou tranquila com o meu futuro. Viver tudo o que contei neste livro fez com que me cobrasse menos com relação a visualizações, viagens, vlogs. Se eu estiver feliz com a minha evolução, com os meus aprendizados, o meu trabalho vai crescer também. Jamais deixarei de produzir meu conteúdo, de mostrar a pessoa que sou, mas não serei uma pessoa neurótica com engajamento. Para mim, o que importa é que as pessoas que estão ali comigo estejam se sentindo inspiradas de alguma forma.

A minha autoestima vem de dentro e não de fora. Sei que parece óbvio, mas levei algum tempo para compreender isso. Fiquei procurando a minha autoestima em outras coisas, fora de mim. Beleza estética nunca vai preencher ninguém. Ainda que você tenha o cabelo da propaganda de xampu, o corpo mais lindo do mundo, o bronzeado do verão... Nada disso será suficiente se você não gostar de quem é.

Então, transborde a sua verdade e não desista do seu sonho, de tentar, de correr atrás dos objetivos, de ir o mais longe que puder.

Mesmo que você não tenha tudo o que gostaria, quero te dar uma dica: não dá para focar só na falta, você precisa agradecer o que já possui. Ser uma pessoa que só enxerga o que falta faz com que a gente só reclame e não tome atitude nenhuma.

Aliás, sei bem que a gente consegue inventar mil desculpas quando queremos continuar no sofrimento ou acomodados. Por que não tentar algo novo? Como você vai descobrir se não tentar?

Vi uma citação uma vez do Nelson Mandela que dizia: "Não existe fracasso. Ou eu ganho, ou eu aprendo". Eu amei essa frase! Isso quer dizer que, se der errado, você vai sair com muito mais conhecimento para tentar outra vez ou tentar outra coisa. E, quando você menos esperar, o resultado virá e você estará protagonizando a sua história.

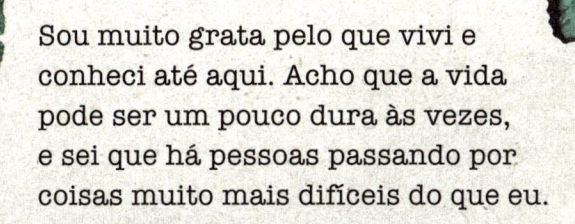

Sou muito grata pelo que vivi e conheci até aqui. Acho que a vida pode ser um pouco dura às vezes, e sei que há pessoas passando por coisas muito mais difíceis do que eu.

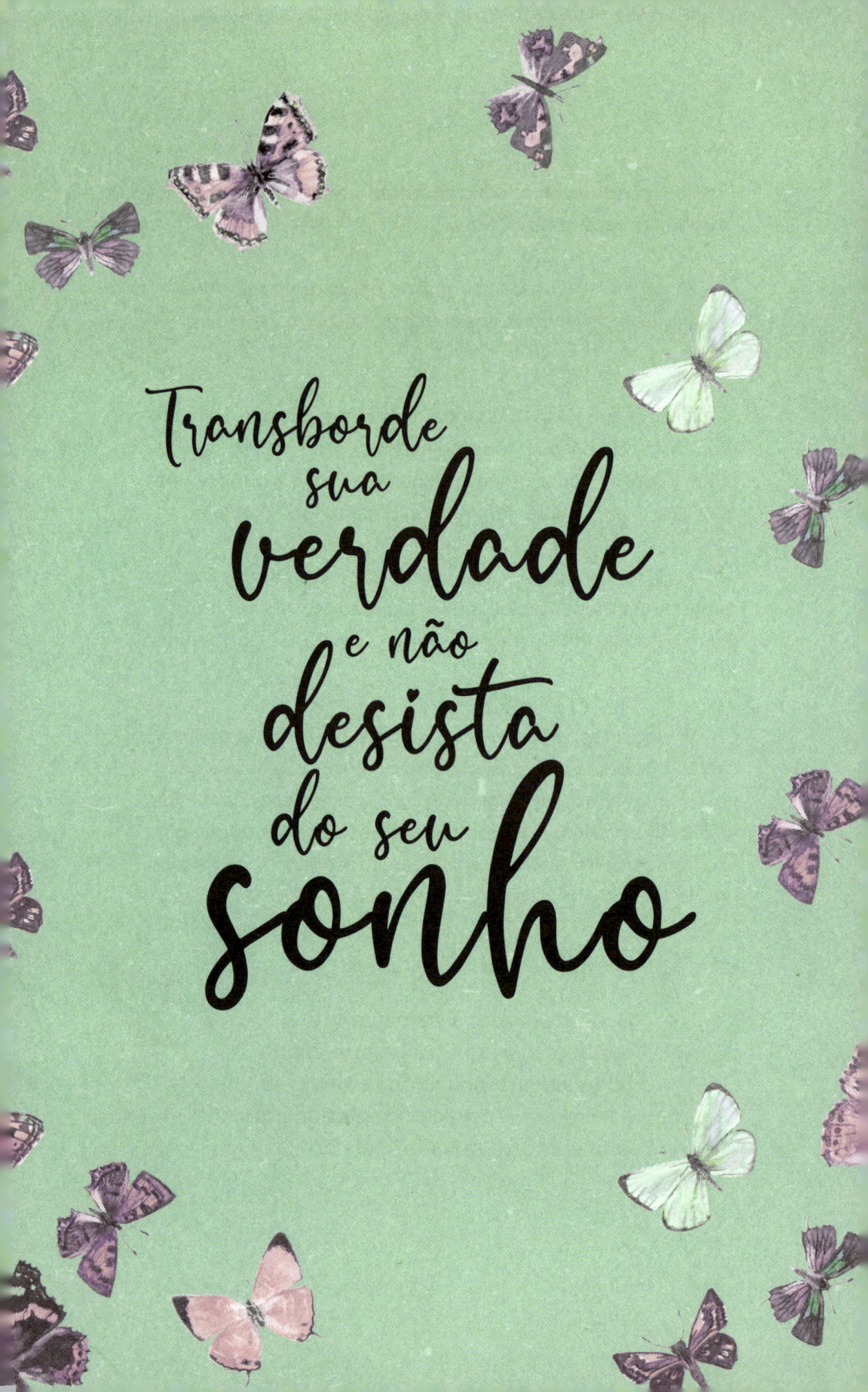

Transborde sua **verdade** e não **desista** do seu **sonho**

Mas acredito que é por essa razão que este livro precisava existir: para você entender que há outras formas de enfrentar os problemas, mesmo que eles pareçam muito maiores do que você. E que, com amor e um pouco de otimismo, a gente consegue encontrar um jeito de ser feliz.

Acho que o fato de eu ser muito transparente e não falar somente das minhas vitórias e conquistas atraiu uma galera que já estava esperando que contasse o segredo que me fez sair do buraco em que caí. Então, queria que este livro também fizesse o papel de oferecer uma luz e pudesse ajudar todas as pessoas que enchem a minha direct de mensagens, pedindo uma dica ou um conselho para encontrar forças e não desistir dos sonhos.

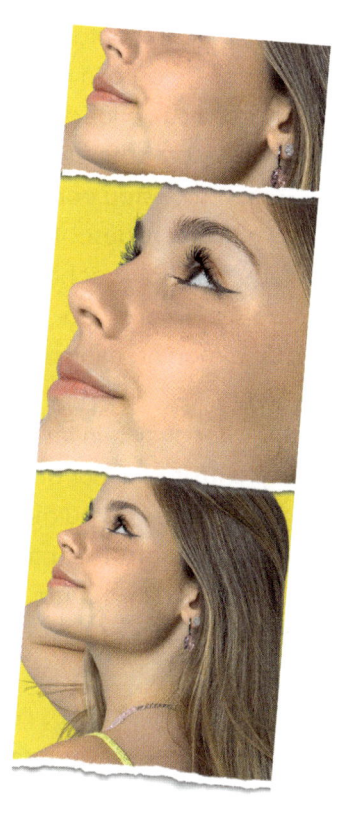

Queria que você soubesse que fui zoada (na real, fui muito zoada!) que muitas pessoas tentaram me fazer desistir, que tiraram sarro da minha cara, que diminuíram o meu trabalho, que as críticas fizeram com que eu me sentisse ridícula, que tive medo, senti insegurança e que, mesmo depois de conquistar milhões de seguidores e ter uma carreira bem-sucedida, nada disso mudou. O ódio continua lá e ainda preciso lidar com tudo isso, inclusive, dentro de mim.

Não me leve a mal! Não estou falando isso para te desanimar, muito pelo contrário! Quero que você se veja em mim, quero que entenda o que passei e ainda passo por várias situações constrangedoras e difíceis com meu trabalho, e está tudo bem. Isso não vai parar e não pode ter peso na hora em que vou fazer as minhas escolhas. O que me move diariamente são as coisas boas. E você também deve pensar dessa forma.

Tudo depende da sua cabeça. Quando caí e quis fugir de tudo, encontrei lá embaixo, bem no fundo do poço, uma mola em que estava escrito:

É O SEU SONHO, CONTINUA!

Pulei em cima dela e dei um novo salto na minha vida profissional.

Preciso contar em detalhes que aquela Luara, que antes do cancelamento já não sabia mais o que produzir de conteúdo, encontrou vários arco-íris depois da tempestade. Lancei um grande produto, fui emancipada para abrir a minha própria empresa, estou com vários outros produtos para serem lançados em breve, redescobri o amor pela minha profissão e tudo aquilo que eu estava achando chato fez com que me reconectasse, ao ponto de voltar a produzir até para o YouTube, coisa que não fazia mais há muito tempo.

Renovei, reinventei, redesenhei, reiniciei, recomecei e me sinto muito melhor do que estava antes de passar por essa tempestade. Estou me sentindo tão bem que transformei esse emaranhado de sentimentos e acontecimentos em um livro, na intenção de eternizar o grande passo que dei depois de achar que eu não conseguiria mais andar.

Encontrei razões para seguir cheia de orgulho de mim. E encontrei essas razões na minha família, no meu amor, no BDL (meu bonde de fãs, o Bonde da Luara), nos meus seguidores e nas pessoas que se aproximaram ainda mais de mim para me agradecer por eu ser verdadeira. De alguém que tinha vergonha de tudo o que fazia e duvidava da própria capacidade, me transformei em uma garota feliz com o meu propósito.

Minha história não é a mais dramática ou problemática do mundo, longe disso. Porque sou uma pessoa grata por tudo à minha volta. Mas, se ela inspirar alguém nem que seja uma pessoa a continuar em busca de seus sonhos, vou ficar feliz e com a sensação de que o objetivo foi alcançado.

Busque família, amor, valores, princípios e sua melhor versão. Essa busca vai refletir no seu sucesso profissional. Saiba que a vida é muito curta para deixar de fazer o que se ama por preocupações com a opinião alheia. Você precisa de você. Doe-se para você mesmo, em nome de todas as coisas boas que ainda quer realizar. Deixe Deus te usar para que você ajude a transformar o mundo em um lugar melhor.

Desde que comecei a escrever o livro, não parei de pensar na transformação de uma borboleta. E o que mais chama a minha atenção — pode parecer meio esquisito — é o casulo. Deixa eu tentar explicar...

A metamorfose não é um momento muito bonito, é só procurar por vídeos na internet para você entender o que estou dizendo. Ao mesmo tempo, é incrível ver como um bichinho desengonçado como uma lagarta pode se transformar em algo tão maravilhoso. E quando a gente vê uma borboleta voando, nem se lembra de que ela já foi uma lagarta. Será que a borboleta, quando ainda era lagarta, imaginava o que iria se tornar, que seria tão lindo um dia? Será que ela sabia que teria asas? E, se soubesse,

será que a lagarta imaginava que seriam asas bonitas e grandes, que funcionariam perfeitamente? Ou seriam asas flopadas? Mesmo sem saber, ela não desiste, mesmo com a incerteza, a dor e o obstáculo. A lagarta constrói o casulo ainda assim.

Então, se a gente quer voar, não dá para perder tempo dando atenção ao nosso medo de errar, às nossas inseguranças e à opinião das pessoas.

A verdade é que você desconhece o que pode se tornar.

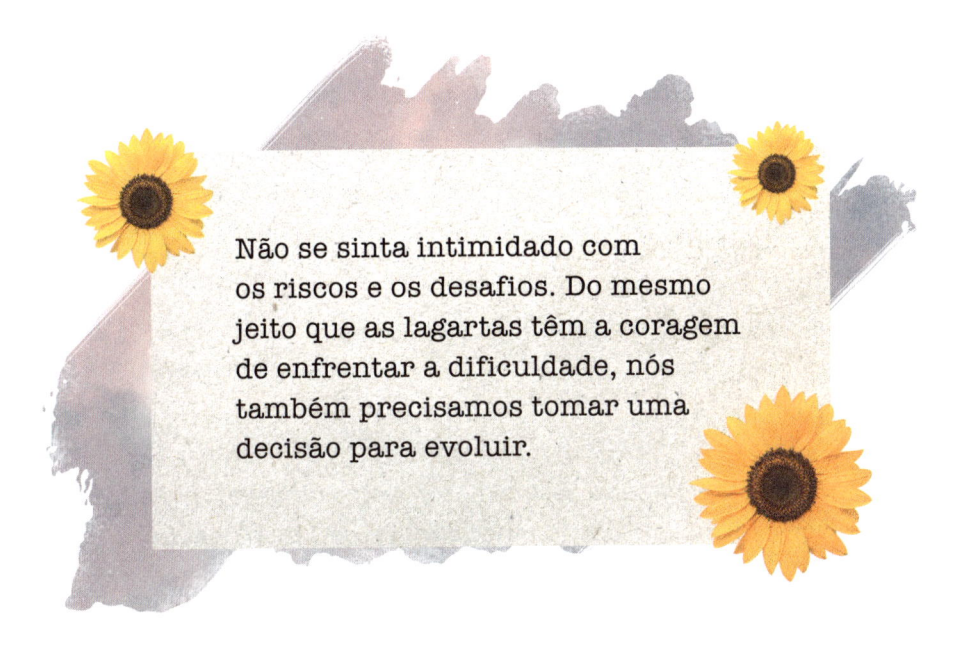

Não se sinta intimidado com os riscos e os desafios. Do mesmo jeito que as lagartas têm a coragem de enfrentar a dificuldade, nós também precisamos tomar uma decisão para evoluir.

A não ser que você queira ser lagarta para sempre. O que você escolhe?

Eu sei, o casulo pode parecer um lugar seguro. A vida longe da exposição, das críticas, da luta para concretizar os sonhos é beeeem mais tranquila, com certeza. Mas o que a gente não se dá conta, às vezes, é que o medo de sofrer pode nos impedir de viver momentos incríveis.

As mudanças positivas não acontecem de uma hora para outra. É preciso caminhar pela estrada para chegar até o destino, sem se esquecer de todos os imprevistos que uma viagem pode ter.

Ah, e não adianta procurar casulos prontos. Para uma borboleta ser tão bela, a natureza impôs como condição que a lagarta teria que protagonizar a sua transformação. Ela constrói o casulo em torno de si e o quebra, com persistência e calma, e na hora certa. Sabe quando a gente quer muito mudar a nossa vida, mas não se dá conta de que não está agindo para que isso aconteça? Lembre-se de que os sonhos não se realizam sozinhos, muito menos de uma hora para outra.

Para sair do buraco em que estamos, temos que nos mover.

Eu construo o casulo, eu rompo o casulo.

Eu.

E não estranhe se você se sentir sozinho no casulo em alguns momentos. Para uma transformação verdadeira acontecer, é preciso que a gente descubra mais e mais a respeito da gente mesmo. Você viu quantas coisas entendi melhor sobre mim enquanto tentava superar meus desafios, não viu? Sim, as pessoas que amo e que me apoiam foram fundamentais para eu ter forças para passar por tudo aquilo, mas também precisei olhar para mim e para o que queria de verdade. E ouvir a minha voz. E entender a minha dor. E procurar pela minha força. Eu comigo mesma.

Um casulo não é uma prisão, assim como uma dificuldade não determina quem você é e o que pode se tornar. Todas as pessoas podem voar, mas é preciso fazer aquele esforço extra para que você consiga vencer o que, hoje, talvez pareça tão assustador.

De uma lagarta para outra? Não desista. Quando a ventania passar e você perceber o mundo lá embaixo, vai se dar conta de que está finalmente batendo as asas, saberá que, durante todo esse tempo, você era, na verdade, uma linda borboleta.

Capítulo 12

Um beijo e uma reflexão da Tia Fabi

Para mim, não é mais tão fácil escrever. Começo e apago mil vezes, porque tudo o que a Luara viveu durante aqueles meses desafiadores levaram um pouco da minha inspiração.

O ódio faz força para censurar o trabalho de quem está na internet, o trabalho que, em vários aspectos, transforma a vida de pessoas e sustentam outras também.

Só que ver minha filha tão envolvida com a escrita deste livro, preocupada em levar uma mensagem tão verdadeira para quem a acompanha, me encheu de alegria. Percebi algumas palavras voltando para mim, mais uma vez. Porque a missão da Luara também é um pouco minha: levar para você e para tantas outras pessoas uma maneira diferente de enxergar a vida. Por mais difícil que ela seja, às vezes.

Errar é tão humano quanto acertar. Ainda assim, sabemos lidar com um erro, porém detestamos cometer outro. Estranhamos o que não é igual a nós. Odiamos o que não entendemos. Só que sinto que, aos poucos, vai nascendo um movimento formado por questionadores. Um monte de gente, de todas as idades, que quer colocar na mesa pontos de vista libertadores. Até quando vamos destruir, por meio da internet, a autoestima e a reputação das pessoas? Até quando vamos conviver com a incoerência de apontarmos o erro do outro, sendo que o outro é igual a nós? Até quando vamos resistir ao amor?

> Por isso, a minha esperança é que este livro não tenha entregue a você somente respostas, mas também perguntas. Muitas perguntas. Que ele tenha te ajudado a encontrar luz para os seus problemas, mas que também tenha te colocado para refletir.

Nada pode arrancar de você a sua vontade de viver, de criar história, de protagonizar a sua vida. Nem as críticas, nem a oposição, nem a negatividade. Esse poder é seu, e somente você é capaz de renunciar a ele ou de usá-lo. Então, escolha empoderar-se. Empoderar-se de quem você é, das pessoas que te amam, dos valores em que acredita, da coragem de manifestar a sua arte no mundo.

Também preciso dizer que, durante todo o período em que tantos cancelamentos aconteceram, ver a Luara sofrendo tanto despedaçou o meu coração. A minha força veio da fé de que nada é por acaso e que estamos aqui neste mundo com um objetivo. E, para mim, a prova disso veio quando a tempestade passou e vi que a nossa vida melhorou, em muitos aspectos. Hoje, a Luara se gosta ainda mais. A paixão pela produção de conteúdo reacendeu. A nossa relação cresceu em lealdade. O namoro a deixou mais feliz — e a mim também —, e até a nossa alimentação está mais saudável por conta dos problemas de saúde que ela teve. Vieram as novidades profissionais, o amadurecimento na carreira, o passo em direção à inovação. Tudo melhorou!

Sei que parece clichê, mas observar o lado bom das dificuldades funciona de verdade. É uma forma de pensar que amplia a visão, afia o olhar para que você consiga ver além do que está machucando. Acredite, há outra extremidade nesta gangorra da vida que, se você enxergar de verdade, será capaz de transformar todos os obstáculos vencidos em aprendizado e expansão.

Acho que esta é a minha mensagem para você. Sempre procure pelo lado bom em qualquer situação, mesmo quando parecer que ele não existe. Tenha calma, paciência, fé e creia que, no instante em que você estiver vivendo tempos de paz, saberá olhar para trás e compreender o motivo de tanto atrito. É assim que diamantes são lapidados, não é?

Sou muito grata por todas as pessoas que apoiaram e apoiam a Luara até hoje. Que, nas horas mais dolorosas, não largaram da mão dela, nem por um minuto. O amor venceu mais uma vez.

Por isso, em meio aos problemas, se concentre nos propósitos que se apresentam para você. Não há transformação sem atrito. Acredite que você tem um caminho a percorrer e, se tiver coragem de segui-lo, poderá servir de exemplo para outros ou alegrar quem está precisando de apoio, inspirar quem te acompanha e fazer mais do que você jamais imaginou. Pensando dessa forma, garanto que você conseguirá passar pelas experiências, ainda que turbulentas, com um pouco mais de tranquilidade.

Um beijo,
Tia Fabi